*Dr Joseph Murphy*



# LA PUISSANCE DE VOTRE SUBCONSCIENT

*D^r^ Joseph Murphy*

# LA PUISSANCE DE VOTRE SUBCONSCIENT

ÉDITIONS ARISTON · GENÈVE

A la fin de ce livre figure une liste d'autres ouvrages
parus aux Editions Ariston · Genève

THE POWER OF YOUR SUBCONSCIOUS MIND
Original English language edition published by Prentice-Hall, Inc.,
Englewood-Cliffs, N.J.

Traduit de l'américain par le Dr Mary Sterling

Editions française et allemande aux Editions Ariston · Genève


18e édition 1990
imprimé en Autriche en 1990
ISBN 2-8267-0028-6

Tout homme qui sait lire a le pouvoir de se dépasser, de multiplier les moyens par lesquels il existe, de faire en sorte que sa vie soit pleine de signification et d'intérêt.

Aldous Huxley

# Table des matières

# Comment ce livre peut produire pour vous des miracles

J'ai vu des miracles se produire pour des hommes et des femmes dans tous les milieux et dans le monde entier. Des miracles se produiront pour vous aussi — lorsque vous vous mettrez à vous servir de la puissance magique de votre subconscient. Ce livre se propose de vous apprendre que votre manière de penser et vos images mentales façonnent et créent votre destinée; car tel un homme pense en son subconscient, tel il est.

## *Connaissez-vous les réponses à ces questions ?*

Pourquoi un homme est-il triste tandis qu'un autre est heureux ? Pourquoi celui-ci est-il joyeux et prospère alors que cet autre est pauvre et malheureux ? Pourquoi cet homme est-il craintif et anxieux alors qu'un autre est plein de foi et de confiance ? Pourquoi cet homme-ci a-t-il un merveilleux et luxueux foyer tandis que cet autre vit une misérable existence dans un taudis ? Pourquoi cet homme connaît-il une grande réussite et un autre un échec complet ? Pourquoi un orateur a-t-il un immense succès alors qu'un autre reste médiocre et impopulaire ? Pourquoi un homme est-il un génie dans sa profession ou son métier tandis qu'un autre bûche et lutte toute sa vie sans accomplir rien de valable ? Pourquoi un homme guérit-il d'une maladie prétendue incurable et pourquoi un autre ne se guérit-il pas de la même maladie ? Comment se fait-il que tant de gens pieux et bons souffrent des tortures de damnés dans leur esprit et dans leur corps ? Pourquoi tant de personnes immorales et irrévérencieuses sont-elles prospères et réussissent-elles dans leurs entreprises, jouissant d'une excellente santé ? Pourquoi une femme est-elle heureuse en ménage tandis que sa sœur est très malheureuse et frustrée ? Trouve-t-on à toutes ces questions une réponse dans le processus de votre esprit conscient et subconscient ? Très certainement.

## *La raison pour laquelle ce livre a été écrit*

C'est dans le but exprès de répondre aux questions ci-dessus et à bien d'autres encore de même nature, et pour les clarifier, que j'ai été poussé à écrire ce livre. Je me suis efforcé d'expliquer les grandes vérités fondamentales de votre esprit dans le langage le plus clair possible. Je crois qu'il est parfaitement possible d'expliquer les lois fondamentales de la vie et de votre esprit dans le langage courant de tous les jours. Vous verrez que le style de ce livre est tout à fait semblable à celui de votre journal, de vos périodiques, celui dont vous vous servez à votre bureau, à votre foyer et au cours de vos tâches quotidiennes. Je vous incite à étudier ce livre et à mettre en application les techniques qu'il expose et, si vous le faites, je suis absolument convaincu que vous vous approprierez une puissance qui opérera des miracles qui vous sortiront du désarroi, de la souffrance, de la mélancolie et de l'échec pour vous guider à votre vraie place, résoudre vos difficultés, vous libérer des servitudes émotionnelles et physiques, pour vous mettre sur la route royale de la liberté, du bonheur et de la paix de l'esprit. Cette puissance créatrice de miracles de votre subconscient peut vous guérir de votre maladie et vous rendre, à nouveau, plein de vie et de force. En apprenant à vous servir de vos pouvoirs intérieurs, vous allez ouvrir la porte de la prison de la crainte et entrer dans une vie décrite par saint Paul comme étant celle de la « glorieuse liberté des enfants de Dieu ».

## *Libérer la puissance qui accomplit des miracles*

Une guérison personnelle sera toujours le témoignage le plus convaincant de nos pouvoirs subconscients. Il y a plus de quarante ans, j'ai résorbé une tumeur maligne — en terminologie médicale cela s'appelle un sarcome — en me servant de la puissance curative de mon subconscient, qui m'a créé et qui soutient et gouverne toujours mes fonctions vitales. La technique que j'appliquai est expliquée dans ce livre et je suis assuré qu'elle aidera d'autres personnes à faire confiance à la même Puissance Curative Infinie qui git dans les profondeurs subconscientes de tous les hommes. Par les bons offices d'un ami médecin, je pris soudain conscience qu'il était naturel que je compte sur l'Intelligence Créatrice qui a fait tous mes organes, formé mon corps et qui fait battre mon cœur, pour qu'elle guérisse sa propre création. Un antique proverbe dit : « Le médecin panse la plaie et Dieu la guérit » [1].

[1] C'est, nous le savons en France, ce que soutenait Ambroise Paré (N.d.T.).

## *Lorsque vous priez avec foi, il se produit des miracles*

La prière scientifique est l'interaction harmonieuse des niveaux conscient et subconscient de l'esprit, scientifiquement dirigés dans un but spécifique. Le présent ouvrage vous enseignera le moyen scientifique de vous brancher sur la puissance infinie qui est en vous, vous permettant d'obtenir ce que vous voulez vraiment. Vous désirez une vie plus heureuse, plus pleine et plus riche. Commencez à vous servir de cette puissance miraculeuse pour aplanir votre chemin dans vos affaires quotidiennes, pour résoudre vos problèmes professionnels et pour établir l'harmonie dans vos rapports familiaux. Ayez bien soin de lire ce livre plusieurs fois. Ces divers chapitres vous diront comment cette merveilleuse puissance agit, et comment vous pouvez extérioriser l'inspiration et la sagesse qui sont en vous. Apprenez les simples techniques qui permettent d'impressionner le subconscient. Suivez ce nouveau moyen scientifique pour accéder au trésor infini. Lisez ce livre attentivement, sérieusement, avec amour. Faites la preuve de la façon étonnante dont il peut vous aider. Il peut être, et je crois qu'il sera, le point tournant de votre vie.

## *Tout le monde prie*

Savez-vous prier efficacement ? Combien de temps y a-t-il que vous priez chaque jour ? En période de crise, au moment du danger ou de difficultés, dans la maladie et lorsque la mort menace, vous priez, vous et vos amis. Lisez votre journal quotidien, vous y verrez parfois que des prières sont dites dans le pays tout entier pour un enfant atteint d'une maladie dite incurable, pour la paix des nations, pour un groupe de mineurs prisonniers dans une mine inondée. Plus tard, lorsqu'ils sont sauvés, ces mineurs disent qu'ils prièrent en attendant leurs sauveteurs; de même un pilote d'avion déclare que c'est en priant qu'il put atterrir malgré le danger. Assurément, la prière est un secours toujours présent au moment du danger; mais vous n'avez pas à attendre le danger ou les difficultés pour faire de la prière une partie intégrante et constructive de votre vie. Les exaucements dramatiques à la prière sont dans les journaux et témoignent de son efficacité. Mais que dire de toutes les humbles prières des enfants, des simples actions de grâces à la table familiale et des dévotions fidèles de celui qui ne cherche que la communion avec Dieu ? Mon activité parmi les hommes m'a amené à étudier les diverses approches à la prière. J'en ai fait l'expérience dans ma propre vie et j'ai travaillé avec bien des gens qui ont, eux aussi, bénéficié de l'aide de la prière. Le problème, habituellement, c'est de savoir dire aux autres comment prier. Ceux qui sont dans la peine ont de la difficulté à penser et à agir raisonnablement. Ils ont besoin d'une formule facile à suivre, d'un prototype pratique, simple et spécifique. Souvent il faut les conduire afin qu'ils abordent leur difficulté convenablement.

## *Caractéristique unique de ce livre*

La caractéristique unique de ce livre, c'est le fait que ce qu'il enseigne est absolument pratique. On vous présente ici des techniques et des formules simples, opérantes, que vous pouvez facilement appliquer dans votre univers quotidien. J'ai enseigné ces processus simples à des hommes, à des femmes dans le monde entier et, récemment, plus d'un millier d'entre eux, appartenant à toutes les confessions, assistèrent à un cours spécial à Los Angeles pendant lequel je présentai les points principaux de ce qui est offert dans ces pages. Beaucoup de ces personnes faisaient deux cents kilomètres pour assister à chaque cours. Les caractéristiques spéciales de ce livre vous intéresseront parce qu'elles vous montreront la raison pour laquelle, souvent, vous obtenez le contraire de ce pourquoi vous avez prié; elles vous en donneront les raisons. Des gens de tous les coins du monde m'ont demandé, des milliers de fois, « Pourquoi, ayant tant et tant prié, n'ai-je pas été exaucé ? ». Dans ce livre vous en trouverez les raisons. Les multiples moyens d'impressionner le subconscient et d'obtenir les bonnes réponses donnent à ce livre une valeur extraordinaire et une aide toujours présente au moment de l'affliction.

## *Que croyez-vous ?*

Ce n'est pas la chose en laquelle on croit qui apporte l'exaucement; la réponse à la prière résulte de ce que le subconscient répond à l'image mentale, c'est-à-dire à la pensée qui est entretenue dans l'esprit. Cette loi de la croyance agit dans toutes les religions du monde et c'est la raison pour laquelle elles sont psychologiquement exactes. Le bouddhiste, le chrétien, le musulman et le juif peuvent tous obtenir des réponses à leurs prières, non pas à cause d'un credo particulier, d'une religion, de rites, de formules, de liturgies, d'incantations, de sacrifices ou d'offrandes, mais uniquement à cause de leur croyance, de leur acceptation mentale, de leur réceptivité envers ce pourquoi ils ont prié. La loi de la vie est une loi de croyance, et la croyance peut se résumer brièvement en disant que c'est la pensée qu'entretient votre esprit. Tel un homme pense, sent et croit, telle est la condition de son esprit, de son corps et de ses circonstances. Une technique, une méthode fondée sur la compréhension de ce que vous faites et pourquoi vous le faites vous aidera à créer la manifestation subconsciente de toutes les bonnes choses de la vie. Essentiellement, la prière exaucée est la réalisation du désir de votre cœur.

## *Le désir est prière*

Chacun désire la santé, le bonheur, la sécurité, la paix de l'esprit, l'expression de soi, mais beaucoup ne parviennent pas à des résultats bien définis. Un professeur de faculté m'avoua récemment : « Je sais que si je changeais mes prototypes mentaux et donnais une nouvelle direction à ma vie émotionnelle, mes ulcères disparaîtraient, mais je ne connais pas, pour cela, de technique, de processus, de modus operandi. Mon esprit erre dans tous les sens sur mes multiples problèmes et je me sens frustré, battu et malheureux ». Ce professeur désirait la santé parfaite, il avait besoin de connaître la façon dont agit son esprit afin d'être à même d'accomplir son désir. En pratiquant les méthodes curatives indiquées dans ce livre, il se rétablit parfaitement.

## *Il y a un esprit commun à tous les hommes (Emerson)*

Les miraculeuses puissances de votre subconscient existaient avant que nous fussions nés, vous et moi, avant que n'existât aucune église et aucun monde. Les grandes vérités éternelles, les grands principes de la vie précèdent toutes les religions. C'est en pensant à cela que je vous incite, dans les pages qui suivent, à prendre possession de cette puissance merveilleuse, magique, transformatrice qui guérira les plaies mentales et physiques, proclamera la liberté de ceux qui ploient sous la peur et qui vous délivrera complètement des limitations de la pauvreté, de l'échec, de la misère, de la souffrance et de la frustration. Tout ce que vous avez à faire c'est de vous unir mentalement et émotionnellement au bien que vous désirez incarner; les puissances créatrices de votre esprit subconscient répondront en conséquence. Commencez maintenant, aujourd'hui même, laissez les miracles se produire dans votre vie ! Et persévérez, persévérez jusqu'à ce que le jour se lève et que les ombres disparaissent.

CHAPITRE PREMIER

# Le trésor qui est en vous

Des richesses infinies sont tout autour de vous, attendant que vous ouvriez votre esprit pour contempler le trésor infini qui est en vous. Il y a en vous une mine d'or d'où vous pouvez extraire tout ce dont vous avez besoin pour vivre splendidement, joyeusement et abondamment.

Beaucoup dorment profondément parce qu'ils ne connaissent point cette mine d'or d'intelligence infinie et d'amour sans limites qui est en eux. Quoi que ce soit que vous vouliez, vous pouvez le tirer de ce trésor. Un morceau d'acier magnétisé soulève environ douze fois son propre poids, mais si vous démagnétisez ce même morceau d'acier, il ne pourra pas même soulever une plume. De même, il y a deux types d'hommes. Il y a celui qui est « magnétisé », plein de confiance et de foi; il sait qu'il est né pour gagner et pour réussir. Et puis, il y a le type d'homme qui est « démagnétisé ». Celui-ci est plein de craintes et de doutes. Les bonnes occasions se présentent, et il dit: « Je pourrais échouer... je pourrais perdre mon argent... les gens se moqueront de moi ». Ce type d'homme-là n'ira pas bien loin dans la vie parce que, ayant peur d'avancer, il va tout simplement rester stationnaire. Allez donc de l'avant et découvrez le secret qui se transmet de génération en génération.

## *Le maître secret des âges*

Quel est, à votre avis, ce secret ? Le secret de l'énergie atomique ? de l'énergie thermonucléaire ? La bombe aux neutrons ? Les voyages interplanétaires ? Non pas. Alors, quel est ce maître secret ? Où peut-on le trouver et comment s'en servir ? La réponse est extraordinairement simple. Ce secret est la merveilleuse puissance, créatrice de miracles, qui se trouve dans votre subconscient, le dernier endroit où la plupart des gens le chercheraient.

## *La miraculeuse puissance de votre subconscient*

Vous pouvez amener dans votre vie davantage de puissance, de richesse, de santé, de bonheur et de joie, en apprenant à connaître et à libérer la puissance cachée dans votre subconscient.

Vous n'avez pas à acquérir cette puissance; vous la possédez déjà. Mais il vous faut apprendre à vous en servir, il faut que vous le compreniez de manière à pouvoir l'appliquer à tous les aspects de votre vie.

Suivant les techniques et les processus simples énoncés dans ce livre, vous serez à même d'acquérir la connaissance et la compréhension nécessaires. Vous pourrez être inspiré par une nouvelle lumière et vous pourrez engendrer une force nouvelle qui vous permettra de réaliser vos espoirs et de faire de tous vos rêves une réalité. Prenez dès à présent la décision de faire en sorte que votre vie soit plus belle, plus grande, plus riche, et plus noble qu'elle ne l'a jamais été.

Dans les profondeurs de votre subconscient se trouve une sagesse infinie, une puissance, une richesse sans bornes de tout ce qui vous est nécessaire et tout cela attend d'être développé et exprimé. Reconnaissez maintenant ces potentialités de votre esprit, elles prendront forme dans le monde extérieur.

Cette intelligence infinie de votre subconscient peut vous révéler tout ce que vous avez besoin de savoir à chaque instant du temps, à chaque point de l'espace, pourvu que vous ayez l'esprit ouvert et réceptif. Vous pouvez accueillir des pensées et des idées nouvelles qui vous permettront de faire des inventions, des découvertes ou bien d'écrire des livres ou des pièces de théâtre. De plus, l'intelligence infinie de votre subconscient peut vous révéler de merveilleuses connaissances originales. Elle peut vous révéler et vous ouvrir la voie de l'expression parfaite et votre vraie place dans la vie.

Par la sagesse de votre subconscient, vous pouvez vous attirer la compagne ou le compagnon idéal ainsi que l'associé dont vous avez besoin dans vos affaires. Elle trouvera l'acheteur convenable pour votre maison et vous donnera tout l'argent dont vous avez besoin, l'abondance qui vous permettra d'être, de faire ce que vous voulez et d'aller là où votre cœur aspire à être.

C'est votre droit de découvrir ce monde intérieur de la pensée, du sentiment, de la puissance, de la lumière, de l'amour et de la beauté. Bien qu'elles soient invisibles, ces forces sont puissantes. Dans votre subconscient vous trouverez la solution de tous les problèmes et la cause de tous les effets. En libérant ces pouvoirs cachés, vous entrerez en possession de la puissance et de la sagesse nécessaires pour avancer dans l'abondance, la sécurité, la joie et la domination sur toutes choses.

J'ai vu la puissance du subconscient guérir des infirmes, les rendre à la force et à la santé, capables de rentrer dans le monde actif pour y faire l'expérience du bonheur, de la santé et de l'expression joyeuse. Il y a, dans votre subconscient, une miraculeuse puissance curative capable de guérir l'esprit troublé et le cœur brisé. Elle peut ouvrir la porte de prison de votre esprit et vous libérer. Elle peut vous délivrer de toutes sortes de servitudes matérielles et physiques.

## *Nécessité d'une base pratique*

Le progrès substantiel — dans quelque domaine que ce soit — est impossible en l'absence d'une base pratique qui soit universelle dans son application. Vous pouvez devenir expert dans l'opération de votre subsconcient. Vous pouvez mettre en pratique ses pouvoirs avec une sûreté dans les résultats qui sera proportionnelle à votre connaissance de ses principes et de votre application de ces principes pour les buts, les desseins définis, spécifiques que vous souhaitez atteindre.

En tant qu'ancien chimiste, j'attire votre attention sur le fait que si vous combinez l'hydrogène et l'oxygène dans la proportion de deux atomes pour le premier à un atome pour le second, vous obtiendrez de l'eau. Vous savez qu'un atome d'oxygène et un atome de carbone donnent le monoxyde de carbone, gaz toxique. Mais, si vous ajoutez un deuxième atome d'oxygène, vous obtenez le dioxyde de carbone, gaz inoffensif et ainsi de suite dans tout le vaste champ des combinaisons chimiques.

Il ne faut pas penser que les principes de la chimie, de la physique et des mathématiques diffèrent des principes de votre subconscient. Considérons un principe généralement accepté: « L'eau cherche son propre niveau ». Ceci est un principe universel, applicable à l'eau, partout.

Considérez un autre principe : « La matière chauffée se dilate ». C'est vrai partout, à tout moment et dans toutes les circonstances. Vous faites chauffer un morceau d'acier : il se dilate, qu'il se trouve en Chine, en Angleterre ou aux Indes. C'est une vérité universelle qui veut que la matière se dilate lorsqu'elle est chauffée. Il est également vrai universellement que tout ce que vous imprimez sur votre subconscient va s'exprimer sur l'écran de l'espace sous forme de condition, d'expérience et d'événement.

Votre prière est exaucée parce que votre subconscient est principe et par principe j'entends la façon dont quelque chose agit. Par exemple, le principe de l'électricité est que cette force agit d'un potentiel plus élevé vers un potentiel plus bas. Vous ne changez point le principe de l'électricité lorsque vous

vous en servez, mais, en coopérant avec sa nature, vous pouvez faire des inventions, des découvertes qui seront des bienfaits incalculables pour l'humanité.
Votre subconscient est principe et il agit selon la loi de la foi. Il faut que vous sachiez ce que c'est que la foi, pourquoi elle agit et comment. Votre Bible vous dit de façon simple, claire et merveilleuse: « *Quiconque dira à cette montagne: transporte-toi et jette-toi dans la mer et ne doutera pas dans son cœur, mais croira que ce qu'il dit se fera, il aura tout ce qu'il dit.* » Marc 2 : 23.
La loi de votre esprit est une loi de foi. Cela signifie qu'il faut croire en la façon dont agit votre esprit, il faut croire dans la foi elle-même. La croyance de votre esprit est la pensée de votre esprit — c'est simple à comprendre — cela et rien d'autre.
Tout ce qui vous arrive, les événements, les conditions et vos actes mêmes sont fonction des réactions de votre subconscient par rapport à vos pensées. Souvenez-vous que ce n'est pas la chose en laquelle on croit, mais la croyance qui est maintenue dans votre propre esprit qui donne le résultat. Cessez de croire aux croyances fausses, aux opinions, aux superstitions et aux craintes de l'humanité. Commencez à croire les éternelles vérités de la vie qui ne changent jamais. C'est alors que vous irez de l'avant, en haut, vers Dieu.
Quiconque lit ce livre, et applique les principes du subconscient qui y sont énoncés, sera capable de prier scientifiquement et efficacement pour lui-même et pour les autres. Votre prière est exaucée en vertu de l'universelle loi d'action et de réaction. La pensée est une action qui commence. La réaction, c'est la réponse de votre subconscient qui correspond à la nature de votre pensée. Occupez donc votre esprit de concepts d'harmonie, de santé, de paix et de bonne volonté; des miracles surviendront dans votre vie.

## *La dualité de l'esprit*

Vous n'avez qu'un esprit, mais votre esprit possède deux caractéristiques distinctes. La ligne de démarcation entre les deux est bien connue de tous les êtres pensants d'aujourd'hui. Ces deux fonctions de votre esprit sont essentiellement dissemblables. Chacune est douée d'attributs et de pouvoirs séparés et distincts. La nomenclature qui sert habituellement à distinguer les deux fonctions de votre esprit est la suivante: l'esprit objectif et l'esprit subjectif, l'esprit conscient et l'esprit subconscient, l'esprit éveillé et l'esprit qui dort, le soi en surface et le soi profond, l'esprit volontaire et l'esprit involontaire, le mâle et la femelle, et bien d'autres termes encore sont employés. Pour désigner la nature double de votre esprit, nous nous servirons, dans ce livre, des termes « conscient » et « subconscient ».

## *Le conscient et le subconscient*

Pour apprendre à connaître les deux fonctions de notre esprit il est un excellent moyen: c'est de le considérer comme un jardin. Vous êtes un jardinier et vous plantez toute la journée des semences (vos pensées) dans votre subconscient. Vous allez récolter dans votre corps et dans votre vie ce que vous semez dans votre subconscient.

Commencez à semer des pensées de paix, de bonheur, de bonnes actions, de bonne volonté et de prospérité. Pensez tranquillement et avec intérêt à ces qualités, acceptez-les pleinement dans votre esprit conscient, votre esprit qui raisonne. Continuez de planter ces merveilleuses graines-pensées dans le jardin de votre esprit, vous aurez une splendide moisson. Votre subconscient peut être comparé à un sol qui fait pousser toutes sortes de semences, bonnes ou mauvaises. *Les hommes cueillent-ils des raisins sur les ronces, ou des figues sur les chardons ?* Toute pensée est une cause et toute condition un effet. C'est pourquoi il est essentiel de diriger ses pensées de manière à ne créer que des conditions désirables.

Lorsque votre esprit pense correctement, lorsque vous comprenez la vérité, quand les pensées déposées dans votre subconscient sont constructives, harmonieuses et paisibles, la puissance magique de votre subconscient répond et crée les conditions harmonieuses, un entourage agréable et favorable en toutes choses. Lorsque vous vous mettez à contrôler les processus de votre pensée, vous êtes à même d'appliquer les pouvoirs de votre subconscient à tous les problèmes, à toutes les difficultés. Autrement dit, vous collaborerez consciemment avec la puissance infinie, l'omnipotente loi qui gouverne toutes choses.

Regardez autour de vous, où que vous viviez, vous remarquerez que la grande majorité de l'humanité vit dans le monde extérieur; les hommes plus éclairés s'intéressent intensément au monde intérieur. Souvenez-vous que c'est le monde intérieur, c'est-à-dire vos pensées, vos sentiments, vos images mentales qui créent votre monde extérieur. Ce monde intérieur est donc la seule puissance créatrice, et tout ce que vous trouvez dans votre monde extérieur a été créé par vous, dans votre monde intérieur, consciemment ou inconsciemment.

La connaissance de l'interaction de votre conscient et de votre subconscient va vous permettre de transformer toute votre vie. Pour changer les conditions extérieures il faut changer la cause. La plupart des hommes essaient de changer les conditions et les circonstances en travaillant sur ces conditions et sur ces circonstances. Pour supprimer la discorde, le désarroi, la pénurie et la limitation, il faut supprimer la cause, et la cause c'est la manière dont vous pensez et imaginez dans votre esprit.

Vous vivez dans un océan insondable de richesses infinies. Votre subconscient est très sensible à vos pensées. Vos pensées forment le monde à travers lequel l'intelligence infinie, la sagesse, les forces vitales et les énergies de votre subconscient passent. L'application pratique des lois de votre esprit, telles qu'elles sont illustrées dans chaque chapitre de ce livre, vous fera quitter la pauvreté pour l'abondance, la superstition et l'ignorance pour la sagesse, la douleur pour la paix, la tristesse pour la joie, les ténèbres pour la lumière, la discorde pour l'harmonie, la peur pour la confiance et la foi, l'échec pour le succès et l'asservissement pour la liberté. Assurément il ne peut y avoir de bénédiction plus grande que cela, du point de vue mental, émotionnel et matériel.

La plupart des grands savants, des grands artistes, des grands poètes, des chanteurs, des écrivains ou inventeurs éminents ont une profonde connaissance du mécanisme du conscient et du subconscient.

C'est ainsi qu'un jour Caruso, le grand ténor d'opéra, connut le trac. Il dit que sa gorge était paralysée par les spasmes que causait la peur intense qui contractait les muscles de sa gorge. La transpiration coulait abondamment sur son visage. Il en avait honte car, quelques minutes après, il devait être en scène, mais il tremblait d'inquiétude et de peur. Il dit: « Ils vont rire de moi. Je ne puis chanter ». Puis soudain il s'écria, en présence de tous ceux qui se tenaient dans les coulisses: « Le Petit Moi veut étrangler le Grand Moi ».

Par le Grand Moi, il entendait la puissance sans limites, la sagesse de son esprit subconscient, et il continua de crier: « Va-t-en, va-t-en, le Grand Moi va chanter ! ».

Son esprit subconscient répondit, libérant en lui les forces vitales. Lorsque le moment de son entrée en scène vint, Caruso s'avança et chanta, transportant son auditoire incomparablement.

Il est évident que Caruso devait connaître les deux niveaux de l'esprit — le conscient, rationnel et le subconscient, irrationnel. Votre subconscient est réactif, il répond à la nature de vos pensées. Lorsque votre conscient (le Petit Moi) est plein de crainte, de souci, d'anxiété, les émotions négatives engendrées dans votre subconscient (le Grand Moi) inondent le conscient d'un sentiment de panique, d'appréhension et de désespoir. Lorsque cela se produit, vous pouvez, comme Caruso, parler affirmativement, avec un profond sentiment d'autorité, aux émotions irrationnelles engendrées par votre esprit profond, disant: « Tais-toi, tiens-toi tranquille, c'est moi qui commande et tu dois m'obéir, tu es sujet à mon commandement et tu ne dois pas entrer là où tu n'as rien à faire ».

Il est extrêmement fascinant et intéressant d'observer comment vous pouvez parler avec autorité et conviction au mouvement irrationnel de votre moi profond pour rétablir ou amener le silence, l'harmonie et la paix dans votre esprit. Le subconscient est sujet du conscient, c'est pourquoi on le nomme tel, ou subjectif.

## *Différences marquantes et fonctionnement*

Vous comprendrez les différences principales par les illustrations suivantes: l'esprit conscient est comme le navigateur, le capitaine qui se tient sur le pont du navire. Il dirige et donne ses ordres aux hommes des machines qui, à leur tour, contrôlent toutes les chaudières, les instruments, les jauges etc. Les mécaniciens ne savent pas où ils vont; ils suivent les ordres qu'ils reçoivent. Ils iraient s'échouer sur les rochers si l'homme du pont leur donnait de fausses indications en se servant de son compas, de son sextant et de ses autres instruments. Ses mécaniciens lui obéissent automatiquement parce qu'il est le commandant. Les membres d'un équipage ne discutent pas avec le capitaine, ils obéissent à ses ordres.

Le capitaine est le maître de son navire et ses décrets sont exécutés. De même, votre esprit conscient est le capitaine, le maître de votre navire que représente votre corps, votre entourage et toutes vos affaires. Votre subconscient reçoit les ordres que vous lui donnez, ordres basés sur ce que votre esprit conscient croit et accepte comme vrai.

Lorsque vous répétez aux gens: « Je n'ai pas les moyens d'acheter ceci ou cela », votre subconscient vous prend au mot et fait en sorte que vous ne puissiez acquérir ce, qu'en fait, vous souhaitez. Tant que vous persisterez à dire: « Je n'ai pas les moyens d'acheter cette voiture, de faire ce voyage en Europe, d'acquérir cette maison, ce manteau de fourrure ou cette étole d'hermine », vous pouvez être assuré que votre subconscient va suivre vos ordres et vous traverserez la vie, privé de toutes choses.

L'année dernière, à la veille de Noël, une charmante étudiante à l'Université contemplait un sac de voyage, fort beau et assez cher, dans la vitrine d'un magasin. Elle s'apprêtait à se rendre à Buffalo, dans l'Etat de New York, pour y passer les fêtes de famille. Elle allait se dire: « Je n'ai pas les moyens d'acheter ce sac », lorsqu'elle se souvint de ce qu'elle m'avait entendu dire pendant mes conférences: « Ne terminez jamais une déclaration négative; renversez-là immédiatement et les miracles apparaîtront dans votre vie ». Aussitôt cette jeune fille se dit: « Ce sac est à moi. Il est à vendre. Je l'accepte moralement et mon subconscient fait en sorte que je le reçoive ». A huit heures le même soir, son fiancé lui offrit un sac exactement semblable à celui qu'elle avait admiré et avec lequel elle s'était mentalement identifiée à dix heures du matin. Elle avait rempli son esprit d'une pensée d'expectative puis remis toute l'affaire à son esprit profond qui savait comment l'accomplir.

La jeune fille, étudiante à l'Université de la Californie du Sud, me dit: « Je ne possédais pas l'argent nécessaire à l'achat de ce sac, mais à présent je sais où trouver l'argent et toutes les choses dont j'ai besoin, c'est dans la maison du trésor éternel qui est en moi ».

Une autre illustration simple est celle-ci: lorsque vous dites « Je n'aime pas les champignons » et qu'ensuite l'occasion se présente pour vous de manger des champignons dans quelque sauce ou quelque mets, vous aurez une indigestion parce que votre subconscient vous dira: « Le Patron (votre esprit conscient) n'aime pas les champignons ». Ceci est un exemple amusant des différences essentielles et des modes d'opération entre votre esprit conscient et votre subconscient.

Une femme dira: « Je m'éveille à trois heures quand je bois du café le soir ». Chaque fois qu'elle boira du café, son subconscient la réveillera comme pour lui dire: « Le Patron veut que tu demeures éveillée ce soir ».

Votre subconscient travaille vingt-quatre heures par jour et se pourvoit à votre bénéfice, il déverse sur vous les fruits de votre mode de penser habituel.

## *Comment réagit son subconscient*

Une dame m'écrivit ce qui suit il y a quelques mois: « J'ai soixante dix-sept ans, j'étais veuve avec de grands enfants. Je vivais seule, avec une pension. J'avais entendu vos conférences sur les pouvoirs du subconscient au cours desquelles vous avez dit que les idées pouvaient être inculquées au subconscient par la répétition, la foi et l'expectative. Je me suis mise à répéter fréquemment, de façon bien sentie: « Je suis souhaitée par quelqu'un. Je suis heureusement mariée à un homme bon, aimant et qui s'intéresse aux choses de l'esprit. Je suis en sécurité ! ».

« J'ai continué d'affirmer cela bien des fois par jour pendant environ deux semaines et, un jour, on m'a présenté un pharmacien retraité. Je l'ai trouvé aimable, compréhensif et très pieux. Il était la réponse parfaite à ma prière.

Au cours de la semaine qui suivit, il me demanda en mariage et nous sommes à présent en voyage de noces en Europe. Je sais que l'intelligence de mon subconscient nous a unis dans l'ordre divin ».

Cette dame découvrit que la maison du trésor est en elle-même. Sa prière sincère fut ressentie dans son cœur, et ses affirmations pénétrèrent par osmose dans son subconscient qui est l'agent créateur. A partir du moment où elle réussit à créer une image subjective, son subconscient lui donna la réponse en vertu de la loi d'attraction. Son esprit profond, plein de sagesse et d'intelligence, unit ces deux êtres dans l'ordre divin.

Assurez-vous de penser à *toutes les choses qui sont véritables, honnêtes, justes, pures, belles, aimables et bienséantes: à tout ce qui est vertueux et digne de louange*. Phil. 4: 8.

## *Bref sommaire des idées à retenir*

1. La maison des trésors est en vous. Cherchez au-dedans la réponse au désir de votre cœur.

2. Le grand secret commun à tous les grands hommes de toutes les époques, c'est leur capacité de prendre contact avec les pouvoirs de leur subconscient et de libérer ces pouvoirs. Vous pouvez faire de même.

3. Votre subconscient détient la réponse à tous les problèmes. Si vous lui suggérez avant de vous endormir: « Je veux me réveiller à six heures », il vous réveillera exactement à cette heure-là.

4. Votre subconscient est le constructeur de votre corps et il peut vous guérir. Bercez-vous chaque soir de l'idée de la santé parfaite et votre subconscient, étant votre serviteur fidèle, vous obéira.

5. Toute pensée est une cause, toute condition un effet.

6. Si vous voulez écrire un livre, une merveilleuse pièce, faire de meilleures conférences, donnez-en l'idée, avec amour, de façon bien sentie, à votre subconscient, il répondra en conséquence.

7. Vous êtes semblable à un capitaine qui fait naviguer son bateau. Il faut qu'il donne des ordres convenables (pensées et images) à votre esprit subconscient qui contrôle et gouverne toutes les expériences de votre vie.

8. N'employez jamais les termes « Je n'ai pas les moyens » ou « Je ne puis ». Votre subconscient vous prendra au mot, et fera en sorte que vous n'ayez pas d'argent ou pas la possibilité de faire ce que vous voulez faire. Affirmez: « Je puis faire toutes choses par la puissance de mon esprit subconscient ».

9. La loi de la vie est la loi de croyance. Une croyance est une pensée entretenue par votre esprit conscient. Ne croyez pas que quelque chose puisse vous nuire. Croyez en la puissance de votre subconscient pour vous guérir, vous inspirer, vous fortifier et pour vous enrichir. Il vous est donné selon votre croyance.

10. Changez vos pensées, vous changerez votre destinée.

## CHAPITRE II

# Comment votre esprit travaille

Vous avez un esprit, il faut apprendre à vous en servir. Il y a deux niveaux à votre esprit — le niveau conscient ou rationnel et le niveau subconscient ou irrationnel. Vous pensez avec votre esprit conscient et tout ce que vous pensez habituellement s'enfonce dans votre subconscient, qui crée selon la nature de vos pensées. Votre subconscient est le siège de vos émotions: c'est l'esprit créateur. Si vous pensez le bien, le bien s'ensuivra; si vous pensez le mal, le mal se manifestera. Voilà comment travaille votre esprit.

Le point essentiel dont vous devez vous souvenir, c'est que lorsqu'une idée est acceptée par le subconscient, il commence à la mettre à exécution. Le fait que la loi du subconscient le fait travailler aussi bien sur de bonnes ou sur de mauvaises idées est une vérité intéressante et subtile.

Cette loi, lorsqu'elle est appliquée de façon négative, est la cause de l'échec, de la frustration et du malheur. Mais lorsque votre façon de penser habituelle est harmonieuse et constructive, vous faites l'expérience de la santé, du succès et de la prospérité.

La paix de l'esprit et la santé du corps sont inévitables lorsque vous vous mettez à penser et à sentir convenablement. Tout ce que vous déclarez mentalement, tout ce que vous sentez être vrai, votre subconscient va l'accepter et le manifester dans votre vie. Tout ce qui vous incombe, c'est de faire accepter votre idée par votre subconscient, la loi de votre subconscient va vous donner la santé, la paix ou la situation que vous désirez. Vous donnez le commandement, vous décrétez et votre subconscient va fidèlement reproduire l'idée que vous lui avez imprimée. La loi de votre esprit est la suivante: vous obtiendrez une réaction, une réponse de votre subconscient qui sera conforme à la nature de la pensée ou de l'idée que vous entretenez dans votre esprit conscient.

Les psychologues et les psychiatres indiquent que lorsque des pensées sont proposées à votre subconscient, des impressions sont faites sur les cellules de votre cerveau. Dès que votre subconscient accepte une idée, il commence immédiatement à la mettre à exécution. Il travaille par associations d'idées et se sert de chaque parcelle de connaissance que vous avez rassemblée au cours de votre vie pour atteindre le but qui lui est proposé. Il se sert de l'infinie puissance, de l'énergie et de la sagesse sans bornes qui est en vous. Il mobilise toutes les lois de la nature pour atteindre son but. Parfois il apporte une réponse, une solution immédiate à vos difficultés, mais d'autres fois, il peut prendre des jours, des semaines ou plus longtemps encore... *Ses voies sont insondables.*

## *Les termes* conscient *et* subconscient *différenciés*

Il faut vous souvenir qu'il n'y a point deux esprits. Il y a deux systèmes d'activités dans un seul esprit. Votre esprit conscient est l'esprit qui raisonne; c'est la phase de votre esprit qui choisit. Par exemple, vous choisissez vos livres, votre maison, et la compagne, ou le compagnon, de votre vie. Vous prenez toutes vos décisions en votre esprit conscient. D'autre part, sans aucun choix conscient de votre part, votre cœur fonctionne automatiquement, et les processus de la digestion, de la circulation et de la respiration s'accomplissent par votre subconscient, par des processus indépendants de votre contrôle conscient.

Votre subconscient accepte ce qui lui est imposé, c'est-à-dire ce que, consciemment, vous croyez. Il ne raisonne pas les choses, comme le fait votre conscient, et il ne discute point. Votre subconscient est semblable, nous l'avons dit, à un terrain qui accepte toutes sortes de graines, bonnes ou mauvaises. Vos pensées sont actives, ce sont les graines. Les pensées négatives, destructrices, continuent de travailler négativement dans votre esprit subconscient et elles vont s'exprimer dans votre vie par des expériences correspondant à des pensées négatives.

Souvenez-vous de ceci, votre subconscient ne s'occupe pas de savoir si vos pensées sont bonnes ou mauvaises, vraies ou fausses, il répond selon la nature de vos pensées, de vos suggestions. Par exemple, si vous acceptez consciemment quelque chose comme vrai, même si cela est faux, votre subconscient va l'accepter et va produire les résultats qui en découlent nécessairement, puisque, consciemment, vous avez accepté que cela était vrai.

## *Expériences faites par des psychologues*

D'innombrables expériences faites par des psychologues et par d'autres spécialistes sur des personnes en état d'hypnose ont montré que le subconscient est incapable de faire des sélections et des comparaisons nécessaires à un processus de raisonnement. Elles ont montré à maintes reprises que votre subconscient va accepter toutes les suggestions, si fausses soient-elles. Une fois qu'il a accepté la suggestion; il va réagir selon la nature de la suggestion donnée.

Un exemple illustrera la soumission du subconscient à la suggestion : si un hypnotiseur habile suggère à son sujet qu'il est Napoléon Bonaparte, ou même un chat ou un chien, ce sujet va jouer ce rôle avec une inimitable exactitude. Sa personnalité se transformera momentanément. Il croit être ce que l'opérateur lui dit qu'il est.

Un hypnotiseur habile peut suggérer à l'un de ses sujets en état d'hypnose que son dos le démange, à un autre que son nez saigne, à un troisième qu'il est une statue de marbre, à un quatrième qu'il gèle et que la température est au-dessous de zéro. Chacun d'eux va réagir à la suggestion particulière qui lui est faite, totalement insensible à tout ce qui l'entoure et qui ne se rapporte pas à cette idée.

Ces illustrations simples démontrent clairement la différence qui existe entre votre esprit conscient, qui raisonne, et votre subconscient qui est impersonnel, qui ne choisit pas et qui accepte comme étant vrai tout ce que votre esprit conscient considère comme tel. D'où l'importance de choisir les pensées, les idées et les prémisses qui vont bénir, guérir, imprimer et remplir votre âme de joie.

## *Les termes* objectif *et* subjectif *classifiés*

On parle parfois de l'esprit conscient en l'appelant « esprit objectif » parce qu'il a trait aux objets extérieurs. L'esprit objectif a conscience du monde objectif. Ses agents d'observation sont vos cinq sens physiques. Votre esprit objectif est votre guide, il vous dirige dans vos contacts avec votre entourage. Vous acquérez des connaissances au moyen de vos cinq sens. Votre esprit objectif apprend par l'observation, l'expérience et l'éducation. Comme nous l'avons dit précédemment, la fonction majeure de l'esprit objectif, c'est le raisonnement.

Supposons que vous soyez un des milliers de touristes qui viennent chaque année à Los Angeles. Vous parviendrez à la conclusion que c'est une belle ville en vous basant sur votre observation de ses parcs, de ses beaux jardins, de ses immeubles majestueux, de ses jolies maisons. Cela, ce serait l'œuvre de votre esprit objectif.

Votre esprit subconscient est souvent appelé subjectif. Cet esprit subjectif connaît son entourage par des moyens qui sont indépendants des cinq sens.

Il perçoit par intuition. C'est le siège de vos émotions, les archives de votre mémoire. Votre esprit subjectif accomplit ses plus hautes fonctions lorsque vos sens objectifs sont passifs. En un mot, c'est cette intelligence qui se manifeste lorsque l'esprit objectif est suspendu ou dans un état de somnolence.
Votre esprit subjectif voit sans l'usage des organes naturels de la vision. Il peut quitter votre corps, voyager dans les pays lointains et en ramener l'information la plus exacte et la plus vraie. Avec votre esprit subjectif vous pouvez lire les pensées d'autrui, sans user des moyens objectifs de communication ordinaire. Il est de la plus grande importance pour vous de connaître l'interaction de l'objectif et du subjectif afin d'apprendre l'art véritable de la prière.

## *Le subconscient ne peut raisonner comme le fait le conscient*

Votre esprit subconscient ne peut argumenter dans la controverse. Il s'ensuit que si vous lui donnez de fausses suggestions, il va les accepter comme étant vraies et va se mettre à les réaliser sous la forme de conditions, d'expériences et d'événements. Tout ce qui vous est arrivé est basé sur des pensées que votre croyance a imprimées sur votre subconscient. Si vous lui avez inculqué des concepts faux, le meilleur moyen de les effacer est la répétition fréquente de pensées constructives, harmonieuses, afin de former de nouvelles habitudes saines de penser et de vivre, car votre subconscient est le siège de l'habitude.
Le mode de penser habituel de votre esprit conscient creuse de profonds sillons dans votre subconscient. S'il est harmonieux, paisible et constructif, vous en retirerez grand profit.
Si vous vous êtes laissé aller à la crainte, à l'inquiétude et à d'autres formes destructrices de la pensée, le remède consiste à reconnaître l'omnipotence de votre esprit subjectif et à décréter la libération, le bonheur et la santé parfaite. Votre subconscient, étant créateur et uni à votre source divine, va créer la libération et le bonheur que vous avec décrété avec ferveur.

## *L'immense puissance de la suggestion*

Vous avez sans doute compris à présent que votre esprit conscient est le « veilleur » et que sa fonction première est de protéger votre subconscient contre les impressions fausses. Vous connaissez une des lois fondamentales de votre esprit: votre subconscient est sensible à la suggestion. Et, vous le savez, votre subconscient ne fait ni comparaisons, ni contrastes, pas plus qu'il ne raisonne ni ne réfléchit par lui-même. Cette dernière fonction appartient à votre esprit conscient. Le subconscient ne fait que réagir aux impressions données par votre conscient. Il ne montre aucune préférence pour un plan d'action ou pour un autre.

Voici un exemple classique de l'immense puissance de la suggestion. Supposons que vous abordiez un passager à l'air timide sur le pont d'un paquebot et que vous lui disiez par exemple: « Vous avez l'air très malade. Comme vous êtes pâle ! Je suis certain que vous allez avoir le mal de mer. Laissez-moi vous conduire à votre cabine ». Le passager pâlit. Votre suggestion de mal de mer s'associe à ses propres craintes et à ses appréhensions. Il accepte votre aide pour se rendre à sa cabine et là, votre suggestion négative, qu'il a acceptée, se réalise.

## *Différentes réactions à la même suggestion*

Il est vrai que certaines personnes réagissent différemment à la même suggestion à cause du conditionnement de leur subconscient, de leur croyance. Par exemple, si vous allez vers un marin sur le paquebot pour lui dire avec sollicitude: « Mon ami, vous avez l'air très malade. N'avez-vous pas le mal de mer ? Il me semble que vous allez être pris de malaise ». Suivant son tempérament, il se mettra à rire de votre « blague », ou bien s'en montrera légèrement irrité. Votre suggestion sera tombée dans une sourde oreille, parce que votre suggestion de mal de mer se sera associée dans son esprit à son sentiment d'immunité. Par conséquent, elle a provoqué, non pas l'inquiétude ou la crainte, mais la confiance en soi.

Le dictionnaire nous apprend qu'une suggestion est l'action de faire naître dans la pensée le processus mental par lequel la pensée, l'idée suggérée est entretenue, acceptée, mise à exécution. Il faut vous rappeler qu'une suggestion ne peut imposer quoi que ce soit au subconscient contre la volonté du conscient. Autrement dit, votre esprit conscient a le pouvoir de rejeter la suggestion. Dans le cas du marin dont nous parlions, il n'a pas peur du mal de mer, il s'est convaincu de son immunité, et la suggestion négative n'a eu aucun pouvoir sur lui pour provoquer la peur.

La suggestion du mal de mer réveille, chez le passager du paquebot, sa peur de ce mal. Chacun de nous a ses propres craintes, ses croyances, ses opinions et ses convictions intimes qui gouvernent sa vie. Une suggestion n'a pas de puissance en elle-même ni par elle-même à moins qu'elle ne soit mentalement acceptée par vous. Cela fait que vos pouvoirs subconscients se manifestent de façon limitée, restrictive, selon la nature de la suggestion.

## Comment il perdit son bras

Tous les deux ou trois ans je donne une série de conférences au London Truth Forum à Caston Hall. J'ai fondé ce Forum à Londres il y a plusieurs années. La directrice, le Dr Evelyn Fleet, m'apprit qu'un article avait paru dans les journaux anglais au sujet de la puissance de la suggestion. Un homme, disait cet article, s'était fait pendant environ deux ans la suggestion suivante: « Je donnerais mon bras pour que ma fille soit guérie ». Sa fille était atteinte d'arthrite aiguë ainsi que d'une maladie de la peau dite incurable. Le traitement médical était resté impuissant à soulager la malade, et le père, animé d'un intense désir de voir sa fille guérie, avait exprimé ce désir dans les termes que nous avons dits.

Le Dr Evelyn Fleet dit que l'article relate la collision qui eut lieu entre la voiture de cette famille et un autre véhicule; le bras du père fut arraché et, instantanément, l'arthrite et la maladie de peau de la jeune fille disparurent.

Il faut être certain de ne donner à votre subconscient que des suggestions qui vont vous guérir, vous bénir et vous inspirer dans toutes vos entreprises. Souvenez-vous que votre subconscient ne comprend pas la plaisanterie. Il vous prend au mot.

## Comment l'autosuggestion bannit la crainte

*Illustration d'autosuggestion:* Autosuggestion signifie que l'on se suggère à soi-même quelque chose de défini et de spécifique. Herbert Parkyn, dans son excellent manuel sur l'autosuggestion, parle de l'incident suivant; il a un côté amusant, de sorte qu'on se le rappelle. « Un visiteur new-yorkais à Chicago regarde sa montre qui est en avance d'une heure sur l'heure de Chicago et dit à un ami de cette ville qu'il est midi. L'homme de Chicago, ne pensant pas à la différence de temps entre les deux villes, dit au new-yorkais qu'il a faim et qu'il doit aller déjeuner ».

On peut se servir de l'autosuggestion pour bannir les diverses craintes et réactions négatives. Une jeune cantatrice fut invitée à donner une audition. Elle avait beaucoup souhaité cette invitation mais, trois fois déjà, elle avait misérablement échoué à cause du trac. Cette jeune femme avait une très belle voix, mais elle s'était dit: « Peut-être ne va-t-on pas m'accepter. Enfin, je vais faire de mon mieux, mais je me sens pleine de peur et d'anxiété ».

Son subconscient accepta ces autosuggestions négatives, y vit autant de requêtes et se mit à les manifester. La cause de son insuccès fut donc une autosuggestion involontaire, celle des pensées de crainte entourées d'émotion subjective.

Elle surmonta sa peur en appliquant la technique suivante : Trois fois par jour elle s'isola dans une chambre. S'installant confortablement dans un fauteuil, elle se détendit et ferma les yeux. Elle s'appliqua à immobiliser son corps et son esprit. L'inertie physique favorise la passivité mentale et rend l'esprit plus réceptif à la suggestion. Cette jeune artiste neutralisa la suggestion de peur en se disant : « Je chante merveilleusement bien. Je suis tranquille, sereine, pleine de confiance et de calme ». Elle répéta cette déclaration lentement, paisiblement, dans un profond sentiment, de cinq à dix fois à chaque séance. Elle en faisait trois chaque jour et une autre au moment de s'endormir. Au bout de la semaine, elle éatit parfaitement sûre d'elle-même et tranquillisée. Lorsque le moment de son audition arriva, elle s'en acquitta admirablement.

## *Comment elle retrouva la mémoire*

Une personne âgée de soixante-quinze ans avait l'habitude de se dire : « Je perds la mémoire ». Elle perdit cette fâcheuse habitude en pratiquant plusieurs fois par jour l'autosuggestion, comme suit : « A partir d'aujourd'hui ma mémoire s'améliore dans tous les domaines. Je me rappellerai toujours tout ce que j'ai besoin de savoir, à chaque instant, en chaque lieu. Les impressions que je recevrai seront de plus en plus claires et plus définies et je les retiendrai automatiquement et facilement. Ce que je désire me rappeler se présentera immédiatement dans sa forme exacte à mon esprit. Je fais des progrès rapides chaque jour et sous peu ma mémoire sera meilleure qu'elle ne l'a jamais été ». Au bout de trois semaines sa mémoire était redevenue normale et elle en fut ravie.

## *Comment il surmonta son mauvais caractère*

Bien des hommes qui se sont plaints d'être irritables et d'avoir mauvais caractère ont été guéris par l'autosuggestion, obtenant de merveilleux résultats en se servant des déclarations suivantes trois ou quatre fois par jour — le matin, à midi et le soir avant de s'endormir, pendant un mois. « Dorénavant, je serai de plus en plus de bonne humeur. La joie, le bonheur et la sérénité deviennent mes états de conscience habituels. Chaque jour, je deviens de plus en plus aimant et compréhensif. Je deviens à présent, pour tous ceux qui m'entourent, un centre de gaieté et de bonne volonté et je leur communique ma bonne humeur. Cet état d'esprit heureux et joyeux devient mon état normal, naturel et j'en suis reconnaissant ».

## *La puissance constructive et destructrice de la suggestion*

Voici quelques illustrations et quelques commentaires sur l'hétérosuggestion : hétérosuggestion veut dire les suggestions que l'on reçoit des autres. A toutes les époques, la puissance de la suggestion a joué un rôle dans la vie et dans la pensée de l'homme, dans tous les pays du monde. Dans bien des parties du monde, la suggestion est la puissance maîtresse de la religion.

La suggestion peut être employée pour se discipliner et se contrôler, mais elle ne peut être utilisée pour commander et contrôler les autres que s'ils ignorent les lois de l'esprit. Dans sa forme constructive, la suggestion est merveilleuse et magnifique. Dans ses aspects négatifs, c'est un des prototypes mentaux les plus destructeurs ayant pour résultat la misère, l'échec, la souffrance, la maladie et les désastres.

## *En avez-vous accepté ?*

Depuis l'enfance, la plupart d'entre nous ont reçu bien des suggestions négatives. Ne sachant pas comment les contrecarrer, nous les avons inconsciemment acceptées. En voici quelques-unes : « Tu ne peux pas ». « Tu n'arriveras jamais à rien ». « Tu ne dois pas ». « Tu vas échouer ». « Tu n'as aucune chance ». « Tu te trompes toujours ». « C'est inutile ». « Ce n'est pas ce que tu sais qui compte mais qui tu connais ». « Le monde se désagrège ». « A quoi bon ». « Ce n'est pas la peine de te donner tant de mal ». « Tu es trop vieux à présent ». « Les choses vont de mal en pis ». « La vie est une corvée sans fin ». « L'amour, c'est pour les oiseaux ». « Tu n'arriveras pas ». « Tu vas faire faillite ». « Fais attention, tu vas être malade ». « On ne peut faire confiance à personne ».

A moins que, comme adulte, vous vous serviez d'autosuggestion constructive, c'est-à-dire d'une thérapeutique de reconditionnement, les impressions faites sur vous dans le passé seront autant de prototypes de comportement qui provoqueront l'échec dans votre vie personnelle et dans votre vie sociale. L'autosuggestion est un moyen pour vous libérer de la masse de conditionnement verbal négatif qui déformerait le prototype de votre vie, empêchant le développement de bonnes habitudes.

## *Vous êtes capable de neutraliser les suggestions négatives*

Lisez les journaux, vous y lirez des douzaines de faits divers propres à semer la futilité, la peur, le souci, l'anxiété et le malheur. Si vous acceptez cela, ces pensées de crainte vont vous faire perdre le goût de vivre. Sachant que vous pouvez rejeter toutes ces suggestions négatives en donnant à votre subconscient des autosuggestions constructives, vous neutraliserez toutes ces idées destructives.

Révisez régulièrement les suggestions négatives que les gens vous proposent. Vous n'êtes pas obligé d'être influencé par l'hétérosuggestion destructrice. Nous en avons tous souffert dans notre enfance et au cours de notre adolescence. En jetant un coup d'œil en arrière, vous vous rappellerez facilement comment parents, amis, famille, professeurs et amis contribuèrent à une véritable campagne de suggestions négatives. Etudiez les choses qui vous furent dites, vous découvrirez que beaucoup ressemblaient à de la propagande. Le but de ce qui vous était dit était de vous maîtriser et de vous inculquer la peur.

Ce processus d'hétérosuggestion sévit dans chaque foyer, dans chaque bureau, dans chaque fabrique et dans chaque club. Vous verrez que beaucoup de ces suggestions ont pour objet de vous faire penser, sentir et agir comme les autres le veulent et par des moyens qui les avantagent.

## *Comment la suggestion tua un homme*

Voici une illustration d'hétérosuggestion. Un de mes parents alla consulter une voyante aux Indes qui lui dit qu'il avait le cœur faible et lui prédit qu'il mourrait à la nouvelle lune prochaine. Il se mit à annoncer à tous les membres de sa famille cette prédiction et fit son testament.

Cette puissante suggestion pénétra dans son subconscient parce qu'il l'accepta complètement. Mon parent me dit aussi que cette voyante passait pour posséder d'étranges pouvoirs occultes qui lui permettaient de faire du bien, ou du mal, à autrui. Il mourut comme il lui avait été prédit, ne sachant pas la cause de sa propre mort. Je pense que beaucoup d'entre nous ont entendu raconter des histoires semblables, aussi ridicules, aussi superstitieuses. Etudions ce cas à la lumière de notre connaissance sur la façon dont agit notre subconscient. Tout ce que l'esprit conscient, raisonnant, croit, le subconscient va l'accepter et agir en conséquence. Mon parent était heureux, bien portant, vigoureux, robuste, lorsqu'il alla voir la voyante. Elle lui proposa une suggestion très négative qu'il accepta. Il fut terrifié et pensa constamment à sa mort prochaine, à la nouvelle lune. Il l'annonça de toutes parts et se prépara à sa fin. Cette activité eut lieu dans son propre esprit et sa propre pensée en fut la cause. Il provoqua la mort prédite ou plutôt, la destruction de son corps physique, par sa peur et par l'attente de la fin.

La femme qui prédit sa mort n'avait pas plus de pouvoir que n'en ont les pierres et les bûches. Sa suggestion n'avait aucun pouvoir pour provoquer la fin qu'elle suggérait. Si mon parent avait connu les lois de l'esprit, il aurait complètement rejeté la suggestion négative et refusé de donner aux paroles de cette femme aucune attention, sachant au fond de son cœur qu'il était gouverné et dirigé par sa propre pensée, son propre sentiment. N'étant pas plus dangereuse que des flèches de fer blanc tirées sur un torpilleur, sa prophétie aurait été complètement neutralisée et se serait dissipée sans faire le moindre mal à mon parent.

Les suggestions des autres n'ont par elles-mêmes absolument aucune puissance sur vous si ce n'est celle que vous leur accordez dans vos propres pensées. Il faut votre consentement mental; il faut que vous entreteniez cette pensée. Alors, devenant vôtre, c'est vous qui lui donnez corps. Souvenez-vous que vous avez la capacité du choix. Choisissez la vie ! Choisissez l'amour ! Choisissez la santé !

## *La puissance d'une prémisse majeure lorsqu'elle est acceptée*

Votre esprit travaille à la manière d'un syllogisme. Cela signifie que toute prémisse majeure que votre conscient accepte comme étant vraie, détermine la conclusion à laquelle votre subconscient parvient au sujet d'une question particulière ou du problème qui se présente à vous. Si votre prémisse est juste, la conclusion sera aussi exacte que l'exemple suivant :

> Toute vertu est louable;
> La bonté est une vertu;
> Donc, la bonté est louable.

La première déclaration est la prémisse majeure et, nous l'avons dit, la conclusion juste suit nécessairement la juste prémisse.

Un professeur de faculté qui suivit quelques-unes de mes conférences sur la science de l'esprit en mai 1962 au Town Hall, New York, me dit : « Tout dans ma vie est à l'envers, et j'ai perdu ma santé, ma fortune et mes amis. Tout ce que je touche va mal ».

Je lui expliquai qu'il lui fallait établir une prémisse majeure pour raisonner ; établir que l'intelligence infinie de son subconscient le guidait, le dirigeait et l'enrichissait spirituellement, mentalement et matériellement. Son esprit subconscient dirigerait alors automatiquement ses placements, ses décisions, guérirait son corps et lui rendrait la paix de l'esprit, la tranquillité. Ce professeur formula un plan selon ce qu'il voulait que fût sa vie et voici quelle fut sa prémisse majeure :
« L'intelligence infinie me conduit et me guide dans toutes mes voies. La santé parfaite est à moi et la loi de l'harmonie opère dans mon esprit et dans mon corps. La beauté, l'amour, la paix et l'abondance sont miennes. Le principe de l'action juste et de l'ordre divin gouverne toute ma vie. Je sais que ma prémisse majeure est basée sur les vérité éternelles de la vie et je sais, je sens et je crois que mon subconscient réagit selon la nature de ma pensée consciente ».
Plus tard il m'écrivit : « Je répétai ces déclarations lentement, tranquillement, avec amour, plusieurs fois dans la journée, sachant qu'elles pénétraient au plus profond de mon subconscient et que les résultats devaient suivre. Je vous suis profondément reconnaissant pour la consultation que vous m'avez donnée et je tiens à vous dire que tous les aspects de ma vie se transforment en s'améliorant. Vous aviez raison, cette technique agit ! »

## *Le subconscient ne discute pas*

Votre subconscient est toute sagesse et il connaît les réponses à toutes les questions. Il ne discute point avec vous et ne vous contrarie pas. Il ne dit pas « il ne faut pas m'imprimer cela ». Par exemple, lorsque vous dites « je ne puis faire ceci », ou « je suis trop vieux à présent », « je ne puis faire face à cette obligation », « je suis né sous une mauvaise étoile », « je ne connais pas l'homme politique dont j'ai besoin », vous imprégnez votre subconscient de ces pensées négatives et il réagit en conséquence. En fait, vous bloquez votre propre bien, attirant ainsi la pénurie, la limitation et la frustration dans votre vie.
Lorsque vous élevez des obstacles, des entraves et des délais dans votre esprit conscient, vous niez la sagesse et l'intelligence qui résident dans votre subconscient. En fait vous dites que votre subconscient est incapable de résoudre votre problème. Ceci conduit à la congestion mentale et émotionnelle, à laquelle font suite la maladie et les tendances à la névrose.
Pour réaliser votre désir et surmonter votre sentiment de frustration, affirmez hardiment plusieurs fois par jour : « L'intelligence infinie que m'a donné ce désir, me conduit, me guide et me révèle le plan parfait pour l'accomplis-

sement de mon désir. Je sais que la sagesse profonde de mon subconscient répond à présent et que ce que je sens et revendique en moi-même s'exprime à l'extérieur. Tout est équilibre et équanimité. »

Si vous dites : « Je ne puis m'en sortir; je suis perdu; il n'y a point de solution à ce dilemme, je suis contré et bloqué », vous ne recevrez pas de réponse de votre subconscient. Si vous voulez qu'il travaille en votre faveur, donnez-lui la requête juste et obtenez ainsi sa coopération. Le subconscient travaille toujours pour vous. Il contrôle les battements de votre cœur en ce moment même, et aussi votre respiration. Il guérit la coupure que vous vous faites au doigt, et sa tendance est vers la vie, il cherche toujours à prendre soin de vous, à vous préserver. Votre subconscient a sa propre volonté, mais il accepte vos prototypes de pensées et d'images mentales.

Lorsque vous cherchez une réponse à un problème, votre subconscient vous répondra, mais il attend de vous que vous parveniez à une décision et à un jugement juste dans votre esprit conscient. Si vous dites « Je ne crois pas pouvoir m'en sortir; je suis en désarroi, en pleine confusion, pourquoi est-ce que je ne reçois pas de réponse ? », vous neutralisez votre prière. Tel un soldat qui marque le pas, vous n'arrivez nulle part.

Tranquillisez les rouages de votre esprit, détendez-vous, laissez-vous aller et affirmez paisiblement : « Mon subconscient connaît la réponse dont j'ai besoin. Il me répond à présent. Je rends grâce, car je sais que l'intelligence de mon subconscient connaît toutes choses et me révèle la réponse parfaite maintenant. Ma profonde conviction libère la majesté et la splendeur de mon esprit subconscient et je m'en réjouis.

## *Résumé des points importants*

1. Pensez le bien, le bien s'ensuivra. Pensez le mal, le mal apparaîtra. Vous êtes le reflet de vos pensées.

2. Votre subconscient ne discute pas avec vous. Il accepte ce que votre esprit conscient décrète. Si vous dites : « Je n'ai pas les moyens de m'acheter cela », c'est peut-être momentanément vrai, mais ne le dites pas. Choisissez une meilleure pensée, décrétez : « Je vais l'acheter. Je l'accepte dans mon esprit ».

3. Vous avez le pouvoir de choisir. Choisissez donc la santé et le bonheur. Vous pouvez choisir d'être amical, vous pouvez choisir d'être inamical. Choisissez d'être coopérant, joyeux, aimable, cordial et le monde entier vous répondra. Voilà le meilleur moyen de développer une personnalité harmonieuse.

4. Votre esprit conscient est le « veilleur à votre porte ». Sa première fonction est de protéger votre subconscient contre les impressions fausses. Choisissez de croire que quelque chose de bon peut se produire et se produit à présent. Votre plus grand pouvoir est votre capacité de choix. Choisissez le bonheur et l'abondance.

5. Les suggestions et les déclarations des autres n'ont aucun pouvoir pour vous nuire. La seule puissance est le mouvement de votre propre pensée. Vous pouvez choisir de rejeter les pensées ou les déclarations des autres et affirmer le bien. Vous avez le pouvoir de choisir la manière dont vous allez réagir.

6. Surveillez ce que vous dites. Vous aurez à répondre de toute vaine parole. Ne dites jamais : « Je vais échouer; je vais perdre ma place; je ne puis payer mon loyer ». Votre subconscient n'entend pas la plaisanterie. Il vous apportera ce que vous décréterez.

7. Votre esprit n'est pas mauvais. Aucune forme de la nature n'est mauvaise. Tout dépend de la façon dont vous vous servez des forces de la nature. Employez votre esprit pour bénir, pour guérir et pour inspirer les gens.

8. Ne dites jamais : « Je ne puis ». Surmontez la crainte en substituant à cela ce qui suit : « Je puis tout par la puissance de mon propre esprit subconscient ».

9. Commencez à penser du point de vue des vérités éternelles et des principes de la vie et non du point de départ de la peur, de l'ignorance et de la superstition. Et ne permettez pas aux autres de penser pour vous. Choisissez vos propres pensées et prenez vos propres décisions.

10. Vous êtes le capitaine de votre âme (votre esprit subconscient), le maître de votre destin. Souvenez-vous que vous avez la faculté du choix. Choisissez la vie ! Choisissez l'amour ! Choisissez la santé ! Choisissez le bonheur !

11. Tout ce que votre esprit conscient accepte comme vrai, votre subconscient va l'accepter à son tour et le produire. Croyez en la bonne fortune, en la direction divine, en l'action juste et à toutes les bénédictions de la vie.

CHAPITRE III

# La puissance miraculeuse de votre subconscient

La puissance de votre subconscient est énorme. Il vous inspire, vous guide, et il vous révèle les noms, les faits et les lieux que détient votre mémoire. Votre subconscient déclenche le battement de votre cœur, il contrôle la circulation de votre sang, règle votre digestion, votre assimilation et votre élimination. Lorsque vous mangez un morceau de pain, votre subconscient le transforme en tissu, en muscle, en os et en sang. Ce processus dépasse l'entendement de l'homme le plus sage de la terre. Votre subconscient contrôle tous les processus vitaux, toutes les fonctions de votre corps et il connaît la réponse à tous les problèmes.

Votre subconscient ne dort jamais, ne se repose jamais; il est toujours à l'ouvrage. Vous pouvez découvrir sa miraculeuse puissance en lui exposant clairement, avant de vous endormir, que vous souhaitez qu'une certaine chose s'accomplisse. Vous serez ravi de constater que des forces seront libérées en vous, qui vous donneront le résultat désiré. Voilà donc une source de puissance et de sagesse qui vous met en rapport avec l'omnipotence, c'est-à-dire avec la puissance qui fait tourner le monde, qui dirige les planètes dans leur course et qui fait briller le soleil.

Votre subconscient est la source de vos idéaux, de vos aspirations et de vos impulsions altruistes. C'est par le subconscient que Shakespeare perçut les grandes vérités cachées pour la plupart des hommes de son temps. Indubitablement, c'est la réponse de son subconscient qui permit au sculpteur grec Phidias d'exprimer dans le marbre et dans le bronze la beauté, l'ordre, la symétrie et la proportion. C'est le subconscient qui fit peindre à Raphaël ses madones. A Ludwig van Beethoven, il inspira ses symphonies.

En 1955 je fis des conférences à la Yoga Forest University, Rishikesh, en Inde et je m'entretins avec un chirurgien de Bombay qui s'y trouvait en visite. Il me parla du Dr James Esdaille, chirurgien écossais, qui travailla au Bengale avant que ne fussent découverts l'éther et les autres moyens d'anesthésie modernes. Entre 1843 et 1846, le Dr Esdaille pratiqua environ quatre cents opérations importantes de toutes sortes, telles que des amputations, l'excision de tumeurs, de cancers, ainsi que des opérations aux yeux, aux oreilles et à la gorge. Toutes ces interventions furent pratiquées sous anesthésie mentale uniquement. Ce chirurgien, à Rishikesh, m'informa que la mortalité postopératoire parmi les opérés du Dr Esdaille avait été extrêmement basse, probablement de l'ordre de deux ou trois pour cent. Les malades ne ressentaient aucune douleur, et il n'y eut pas de décès pendant les interventions.

Le Dr Esdaille suggérait au subconscient de tous ces malades, en état d'hypnose, que nulle infection ni septicémie ne se produirait. Il faut vous souvenir que ceci eut lieu bien avant Louis Pasteur, Joseph Lister et d'autres qui découvrirent l'origine bactérienne des maladies et les causes d'infection dues à l'absence de stérilisation des instruments et à la virulence des microbes. Mon interlocuteur indien me dit que la raison de la mortalité réduite et de l'absence générale d'infection, réduite elle aussi au minimum, fut sans aucun doute attribuable aux suggestions que le Dr Esdaille faisait au subconscient de ses patients, qui répondait conformément à ses suggestions.

Il est merveilleux d'apprendre comment un chirurgien, il y a plus de cent-vingt ans, découvrit la puissance miraculeuse du subconscient. Cela ne vous remplit-il pas d'émerveillement mystique, de respect, de penser à ces puissances transcendantes de votre esprit subconscient ? Considérez ses perceptions extrasensorielles, telle que sa capacité de clairvoyance et de clair-audition, son indépendance vis-à-vis du temps et de l'espace, sa capacité de vous libérer de toute douleur et de toute souffrance, et de donner les réponses à tous les problèmes, quels qu'ils soient. Toutes ces possibilités et beaucoup d'autres vous révèlent qu'il y a en vous une puissance, une intelligence qui transcende votre intellect, puissance qui vous émerveille devant tous ses accomplissements. Toutes ces expériences vous remplissent de joie et vous font croire aux pouvoirs miraculeux de votre propre subconscient.

## *Votre subconscient est votre livre de vie*

Quelles que soient vos pensées, vos croyances, vos opinions, vos théories ou les dogmes que vous acceptez, imprimez-les sur votre subconscient; vous en ferez l'expérience en tant que manifestations objectives de circonstances, de conditions et d'événements. Ce que vous inscrirez au-dedans, vous en ferez l'expérience à l'extérieur. Vous avez deux côtés à votre vie, le côté objectif et le côté subjectif, le côté visible et le côté invisible. la pensée et sa manifestation.

Votre pensée est reçue par votre cerveau, qui est l'organe de votre esprit conscient, raisonnant. Lorsque votre esprit conscient, objectif, accepte complètement une pensée, elle est envoyée au plexus solaire, que l'on appelle le cerveau de votre esprit, où elle prend corps et se manifeste dans votre expérience.

Nous l'avons déjà dit, votre subconscient ne discute pas. Il n'agit que selon ce que vous lui proposez. Il accepte votre verdict, c'est-à-dire les conclusions de votre esprit conscient, comme étant définitif. Voilà pourquoi vous écrirez sans cesse sur le livre de la vie, car vos pensées deviennent vos expériences. L'essayiste américain, Ralph Waldo Emerson dit : « L'homme est ce qu'il pense tout au long du jour ».

## *Ce qui est imprimé sur le subconscient s'exprime*

William James, le père de la psychologie américaine, dit que la puissance capable de mouvoir le monde est dans votre subconscient. Votre subconscient est uni à l'intelligence infinie, à la sagesse sans bornes. Il se nourrit à des sources cachées et on l'appelle la loi de la vie. Tout ce que vous enregistrez dans votre subconscient, il va aveuglément le manifester. Il importe donc que vous lui imprimiez des idées justes et des pensées constructives.

La raison pour laquelle il y a de par le monde tant de discorde et de misère, c'est que les hommes ne comprennent pas l'interaction de leur esprit conscient et de leur esprit inconscient. Lorsque ces deux principes travaillent d'accord, dans la concorde, la paix, dans la synchronisation, vous obtenez la santé, le bonheur, la paix et la joie. Il n'y a ni discorde, ni maladie quand le conscient et le subconscient agissent ensemble harmonieusement et paisiblement.

La tombe d'Hermès fut ouverte dans une grande expectative et un sentiment d'émerveillement parce que les gens croyaient qu'elle contenait le secret des âges. Le secret, c'était : *il en est en dedans comme il en est au dehors; ce qui est en haut est aussi en bas.*

En d'autres termes, tout ce qui est imprimé dans votre subconscient s'exprime sur l'écran de l'espace. Cette même vérité fut proclamée par Moïse, Esaïe, Jésus, Bouddha, Zarathoustra, Lao-Tseu et par tous les sages illuminés de toutes les époques. Tout ce que vous sentez vrai subjectivement s'exprime dans des conditions, des expériences et des événements. Il faut que l'action et l'émotion s'équilibrent. Comme *il en est dans le ciel* (votre propre esprit) *il en est sur la terre* (dans votre corps et dans votre entourage). Voilà la grande loi de la vie.

Vous trouverez la loi d'action et de réaction dans toute la nature. Il faut qu'il y ait équilibre entre elles; c'est alors que l'harmonie s'ajoute à l'équilibre. Vous êtes ici-bas pour permettre au principe de toute vie de passer rythmiquement et harmonieusement à travers vous. Ce que vous recevez et ce que vous donnez doit être à égalité. L'impression et l'expression doivent être égales. Toute votre frustration provient de désirs insatisfaits.

Si vous pensez négativement, destructivement et de façon erronée, ces pensées engendrent des émotions destructrices qui vont chercher à s'extérioriser. Etant de nature négative, ces émotions s'expriment fréquemment par des ulcères, des troubles cardiaques, de l'hypertension et par des états d'anxiété. Quelle idée, quel sentiment entretenez-vous à votre sujet en ce moment ? Chaque partie de votre être exprime cette idée. Votre vitalité, votre corps, l'état de vos finances, vos amis, votre position sociale, représentent une réflexion parfaite de l'idée que vous vous faites de vous-même. Ceci est la signification véritable de ce qui s'imprime dans votre subconscient et qui s'exprime dans toutes les phases de votre vie.

Nous nous nuisons à nous-mêmes en entretenant des pensées négatives. Combien de fois vous êtes-vous fait mal en vous mettant en colère, en étant plein de crainte, de jalousie ou de sentiments de vengeance ? Ce sont là autant de poisons qui pénètrent dans votre subconscient. Vous n'êtes pas né avec ces attitudes négatives. Nourrissez votre subconscient de pensées vivifiantes et vous effacerez complètement tous les prototypes négatifs que vous y avez logés. A mesure que vous continuerez de le faire, le passé sera aboli et oublié.

## *Le subconscient guérit une tumeur maligne de la peau*

Une guérison personnelle sera toujours le témoignage le plus convaincant de la puissance du subconscient. Il y a plus de quarante ans, j'ai résorbé une tumeur maligne de la peau par la prière. La thérapeutique médicale était devenue impuissante et la tumeur empirait.

Un pasteur, doué d'une profonde connaissance de la psychologie, m'expliqua le sens profond du 139e Psaume dans lequel il est dit : « *Tous mes membres furent inscrits dans son livre, formés en continuation, avant qu'aucun d'eux n'existe* ». Il m'expliqua que le terme *livre* signifie l'esprit subconscient qui créa et façonna tous mes organes à partir d'une cellule invisible. Il me fit remarquer aussi que, puisque mon subconscient avait fait mon corps, il pouvait aussi le recréer et le guérir selon le prototype parfait qu'il contenait.

Ce pasteur me désigna sa montre et me dit : « Cette montre a été faite par un horloger et celui-ci en eut d'abord l'idée dans son esprit avant que la montre ne devînt une réalité objective, et si la montre se dérègle, l'horloger sait comment la régler ». Mon ami me rappela que l'intelligence subconsciente qui créa mon corps était comme l'horloger et qu'elle savait exactement comment guérir, restaurer et diriger toutes les fonctions vitales et tous les processus de mon corps, mais que j'avais à lui donner l'idée parfaite de la santé. Cela, ce serait la cause, la guérison serait l'effet.

Je me mis à prier de la façon simple qui suit : « Mon corps et tous mes organes furent créés par l'intelligence infinie de mon subconscient. Elle sait comment me guérir, sa sagesse façonne tous mes organes, mes tissus, mes muscles et mes os. Cette présence curative infinie qui est en moi transforme à présent chaque atome de mon être et me rend sain et parfait. Je rends grâce pour la guérison qui, je le sais, s'accomplit maintenant. Les œuvres de l'intelligence créatrice qui est en moi sont merveilleuses ».

Je priais ainsi à haute voix pendant environ cinq minutes deux ou trois fois par jour, répétant la simple prière ci-dessus. Au bout d'environ trois mois, ma peau était saine et parfaite.

Comme vous le voyez, tout ce que je fis ce fut de donner à mon subconscient des prototypes vivifiants de santé, de beauté et de perfection, oblitérant ainsi les images et les prototypes mentaux négatifs qui s'étaient logés dans mon subconscient et qui étaient la cause de tout mon mal. Rien n'apparaît sur votre corps si ce n'est l'équivalence mentale de ce qui est dans votre esprit; en transformant votre esprit, en le saturant d'incessantes affirmations, vous transformez votre corps. Voilà la base de toute guérison ... *Tes œuvres sont merveilleuses et mon âme* (mon esprit subconscient) *le sait bien Psaume 139 : 14).*

## *Comment le subconscient contrôle toutes les fonctions du corps*

Tandis que vous êtes éveillé, ou endormi dans votre lit, l'action incessante, inlassable de votre subconscient contrôle toutes les fonctions vitales de votre corps sans l'aide de votre conscient. Par exemple, pendant votre sommeil, votre cœur continue de battre rythmiquement, vos poumons ne se reposent pas, et le processus d'inhalation et d'exhalation, par lequel votre sang absorbe l'air pur, se poursuit tout comme lorsque vous êtes éveillé. Votre subconscient contrôle vos processus digestifs et vos sécrétions glandulaires, ainsi que toutes les mystérieuses opérations de votre corps. Les poils continuent de pousser, que vous soyez endormi ou éveillé. Les savants nous apprennent que la peau sécrète beaucoup plus de transpiration pendant le sommeil que pendant l'état de veille. Vos yeux, vos oreilles et vos autres sens sont actifs pendant le sommeil. Par exemple, beaucoup de nos grands savants ont reçu pendant leur sommeil des réponses à de difficiles questions. Ils en virent la réponse en rêve.

Souvent votre esprit conscient gêne le rythme normal de votre cœur, de vos poumons et le fonctionnement de votre estomac et de vos intestins en étant plein de soucis, d'anxiété, de crainte et de dépression. Les prototypes de pensées entravent le fonctionnement harmonieux de votre subconscient. Lorsque vous êtes troublé mentalement, le mieux est de vous détendre, de vous laisser aller et de tranquilliser les rouages de votre pensée. Parlez à votre subconscient, demandez-lui de prendre le commandement dans la paix, l'harmonie et l'ordre divin. Vous verrez que toutes les fonctions de votre corps redeviendront normales. Ayez soin de parler à votre subconscient avec autorité et conviction, il se conformera à votre ordre.

Votre subconscient cherche à préserver votre vie et à rétablir à tout prix votre santé. C'est lui qui vous fait aimer vos enfants qui, eux aussi, illustrent un désir instinctif de préserver toute vie. Supposons que vous ayez absorbé par accident une nourriture malsaine. Votre subconscient va vous la faire régurgiter. Si, par inadvertance, vous absorbez quelque poison, vos pouvoirs subconscients se mettraient à le neutraliser. Si vous vous confiiez complètement à sa miraculeuse puissance, vous seriez entièrement rendu à la santé.

## *Comment faire travailler le subconscient à votre profit*

La première chose à réaliser c'est que le subconscient agit continuellement. Il est actif jour et nuit, que vous agissiez ou non sur lui. Votre subconscient est le constructeur de votre corps, mais vous ne pouvez percevoir, vous ne pouvez entendre consciemment ce silencieux processus intérieur. Vous avez affaire à l'esprit conscient et non à votre subconscient. Occupez donc votre conscient par l'expectative du meilleur, et assurez-vous que les pensées que vous entretenez habituellement sont basées sur tout ce qui est beau, vrai, juste et bienséant. Commencez à présent à prendre soin de votre esprit conscient, étant convaincu dans votre cœur et dans votre âme que votre esprit subconscient exprime, reproduit et manifeste toujours ce qui est conforme à votre mode de penser habituel.

Souvenez-vous que de même que l'eau prend la forme du tuyau dans lequel elle coule, le principe vital qui est en vous coule à travers vous selon la nature de vos pensées. Affirmez que la présence curative de votre subconscient coule à travers vous en tant qu'harmonie, santé, paix, joie et abondance. Pensez à elle comme à une vivante intelligence, un merveilleux compagnon. Croyez fermement qu'elle coule à travers vous pour vous vivifier, vous inspirer et vous enrichir. Elle va répondre très exactement, selon votre affirmation. Il vous est donné selon votre foi.

## *Le principe curatif du subconscient guérit des nerfs optiques atrophiés*

Le cas célèbre et authentique de M^me^ Bire, en France, est consigné dans les archives du bureau des constatations médicales de Lourdes. M^me^ Bire était aveugle, ses nerfs optiques étaient atrophiés. Elle se rendit à Lourdes. et fut miraculeusement guérie. Ruth Cranston (une jeune femme protestante) qui fit une enquête sur les guérisons de Lourdes écrivit, dans la revue *McCall's* en novembre 1955, ce qui suit au sujet de M^me^ Bire :

« A Lourdes, elle retrouva la vue, incroyablement, ses nerfs optiques restant toujours sans vie et inutiles, comme le certifièrent plusieurs médecins après des examens répétés. Un mois plus tard, un nouvel examen révéla que le mécanisme visuel était redevenu normal. Mais au début, pour autant que les examens médicaux le révélèrent, M^me^ Bire voyait avec des yeux morts. »

Je me suis rendu à Lourdes à plusieurs reprises et j'ai, moi aussi, été le témoin de guérisons. Comme nous l'expliquerons dans le prochain chapitre, il n'y a aucun doute que des guérisons s'accomplissent dans bien des églises tout autour du monde, qu'elles soient ou non chrétiennes.

M^me^ Bire ne fut pas guérie par les eaux de Lourdes, mais par son propre subconscient qui répondit à sa foi. Le principe curatif caché en son subconscient répondit à la nature de sa pensée. La croyance, la foi est une pensée maintenue dans le subconscient. Cela veut dire que l'on accepte quelque chose comme vrai. La pensée qui est acceptée s'exécute automatiquement. Indubitablement, M^me^ Bire se rendit à Lourdes animée d'une grande foi pleine d'expectative, ayant dans son cœur la conviction qu'elle serait guérie. Son subconscient répondit en conséquence, libérant les forces curatives toujours présentes. Le subconscient qui créa l'œil peut certainement redonner la vie à un nerf mort. *Il vous est donné selon votre foi.*

## *Comment donner à votre subconscient l'idée de la santé parfaite*

J'ai connu à Johannesburg, en Afrique du Sud, un pasteur protestant qui m'expliqua la méthode dont il s'était servi pour donner à son subconscient l'idée de la santé parfaite. Il avait un cancer du poumon. Sa technique, qu'il m'exposa, écrite de sa main, fut la suivante : « Plusieurs fois par jour, je m'assurai d'être complètement détendu mentalement et physiquement. Je détendais mon esprit en lui parlant comme suit : « Mes pieds sont détendus, mes chevilles sont détendues, mes jambes sont détendues, mes muscles abdominaux sont détendus, mon cœur et mes poumons sont détendus, ma tête est détendue; tout mon être est complètement détendu ! En cinq minutes environ, je me trouvais dans un état de somnolence et j'affirmais alors la vérité suivante : « La perfection de Dieu s'exprime à présent à travers moi. L'idée de la santé parfaite remplit maintenant mon subconscient. L'image que Dieu a de moi est une image parfaite, et mon subconscient recrée mon corps en parfait accord avec l'image parfaite qui est maintenue dans l'esprit de Dieu ». Ce pasteur fut parfaitement guéri. Voilà quel est le moyen simple et facile de donner à votre subconscient l'idée de la santé parfaite.

Un autre moyen merveilleux est celui de l'imagination scientifique, disciplinée. Je dis à un homme qui souffrait de paralysie fonctionnelle de se voir, avec acuité, marchant dans son bureau, de se sentir toucher son bureau, répondre au téléphone et faisant tout ce qu'il ferait ordinairement s'il était guéri. Je lui expliquai que cette idée et cette image mentale de santé parfaite seraient acceptées par son subconscient.

Il se mit à vivre son rôle et se sentit vraiment revenu à son bureau. Il avait compris qu'il donnait à son subconscient de quoi travailler positivement. Son subconscient était le film sur lequel s'imprimait l'image qu'il créait. Un jour, après plusieurs semaines de ce conditionnement fréquent de son esprit par cette image mentale, le téléphone sonna — comme cela avait été convenu — et ne cessa de sonner alors que sa femme et son infirmière étaient sorties. Le téléphone était à dix mètres de lui, néanmoins il parvint à répondre. Dès cet instant, il fut guéri. La puissance curative de son subconscient avait répondu à son image mentale et la guérison avait suivi.

Cet homme avait eu un blocage mental qui empêchait l'impulsion du cerveau d'atteindre ses jambes; par conséquent il disait qu'il ne pouvait marcher. Lorsqu'il tourna son attention vers la puissance curative intérieure, cette puissance coula à travers son attention concentrée, lui permettant de marcher. *Tout ce que vous demandez en priant, croyez que vous l'avez reçu,* et vous le verrez s'accomplir. Matt. 21 : 22.

## *Idées à retenir*

1. Votre subconscient contrôle tous les processus vitaux de votre corps et il connaît la réponse à tous les problèmes.

2. Avant de vous endormir, faites une requête spéciale à votre subconscient et faites la preuve de sa miraculeuse puissance.

3. Tout ce que vous imprimez sur votre subconscient s'exprime sur l'écran de l'espace en tant que conditions, expériences, et événements. Par conséquent, vous devez surveiller soigneusement toutes les idées, toutes les pensées que vous entretenez dans votre conscient.

4. La loi d'action-réaction est universelle. Votre pensée est action, et la réaction est la réponse automatique de votre subconscient à votre pensée. Surveillez donc vos pensées !

5. Toute frustration a pour cause des désirs insatisfaits. Si vous permettez à votre pensée de demeurer sur les obstacles, les délais et les difficultés, votre subconscient répondra en conséquence, et vous bloquez votre propre bien.

6. Le principe de toute vie coulera à travers vous rythmiquement et harmonieusement si vous affirmez consciemment : « Je crois que la puissance subconsciente qui me donna ce désir l'accomplit à présent à travers moi ». Ceci dissout tous les conflits.

7. Vous pouvez altérer le rythme normal de votre cœur, de vos poumons et de vos autres organes en entretenant le souci, l'anxiété et la crainte. Nourrissez votre subconscient de pensées d'harmonie, de santé et de paix et toutes les fonctions de votre corps redeviendront normales.

8. Occupez votre esprit conscient de l'expectative du meilleur, votre subconscient reproduira fidèlement votre mode de penser habituel.

9. Imaginez l'heureux dénouement, la solution de votre problème, sentez la joie de l'accomplissement, ce que vous imaginez et sentez va être accepté par votre subconscient qui va le produire.

CHAPITRE IV

# Guérisons mentales dans l'Antiquité

Au cours des âges des hommes de toutes les nations ont toujours cru instinctivement qu'il existait une puissance curative capable de rétablir les fonctions normales et les sensations du corps humain. Ils croyaient que cette étrange puissance pouvait être invoquée dans certaines conditions et que le soulagement de la souffrance s'ensuivrait. L'histoire de toutes les civilisations présente des témoignages de cette croyance.

Dans les premiers âges de l'histoire du monde, le pouvoir d'influencer secrètement les hommes, en bien ou en mal, de guérir les malades, était l'apanage des prêtres et des saints hommes de toutes les nations. La guérison des malades était tenue pour une puissance qui leur venait directement de Dieu, et les méthodes et processus de guérison variaient à travers le monde. Ils prenaient la forme de supplications à Dieu au cours de différentes cérémonies telles que l'imposition des mains, les incantations, l'application d'amulettes, de talismans, de bagues, de reliques et d'images.

Par exemple, dans les religions de l'Antiquité, les prêtres dans les temples donnaient aux malades des drogues et pratiquaient des suggestions hypnotiques avant le sommeil du patient, lui disant que les dieux viendraient le visiter pendant ce sommeil et le guériraient. Beaucoup de guérisons s'ensuivaient. Tout ceci était accompli par les puissantes suggestions faites au subconscient du malade.

Après l'accomplissement de certains rites mystérieux, les fidèles d'Hécate, divinité lunaire, voyaient la déesse pendant leur sommeil, à condition de lui avoir adressé leurs prières avant de s'endormir, selon les instructions étranges et fantastiques qui leur avaient été données. On leur enjoignait de mélanger des lézards, de la résine, de l'encens et de la myrrhe et de piler tout cela au grand air, aux changements de lune. Des guérisons se produisaient parfois à la suite de ces pratiques qui nous étonnent.

Dans tout cela il est bien évident que la suggestion faite et acceptée par l'esprit conscient de ces malades faisait un puissant appel à leur imagination.

En fait, dans toutes ces guérisons, le guérisseur était l'esprit subconscient du sujet traité.

A toutes les époques, des guérisseurs [2] non reconnus par les écoles officielles ont obtenu des résultats remarquables dans des cas où la médecine officielle avait échoué. Ceci donne à réfléchir. Comment tous ces guérisseurs, de toutes les parties du monde, effectuent-ils leurs cures ? La réponse à cette question est que les guérisons sont imputables à la croyance aveugle du malade, qui libère la puissance curative du subconscient. Beaucoup de ces remèdes anciens étaient étranges, ce qui enflammait l'imagination du malade, favorisant un état émotionnel. Cet état d'esprit facilitait la suggestion de la santé qui était acceptée à la fois par l'espirt conscient et par le subconscient du malade. Nous nous étendrons sur ce sujet au chapitre suivant.

## *Ce que nous dit la Bible sur l'emploi des puissances subconscientes*

*Tout ce que vous désirez, lorsque vous priez, croyez que vous le recevrez et vous l'aurez. Marc 11 : 24.*

Remarquez les différences des temps dans ce verset. L'apôtre inspiré nous dit de croire, d'accepter comme étant vrai, le fait que notre désir a déjà été accompli, rempli, qu'il est déjà complété, et que sa réalisation va suivre dans l'avenir.

Le succès de cette technique dépend de la conviction qu'on y met : il faut admettre que la pensée, l'idée, l'image est déjà un fait dans l'esprit. Pour que quelque chose ait substance sur le plan de l'esprit, il faut que la pensée l'accepte comme existant là.

Voici en quelques mots une direction concise et spécifique pour vous servir de la puissance créatrice de la pensée, par impression sur le subconscient de la chose particulière que vous désirez. Votre idée, votre projet, votre plan sont aussi réels sur leur plan propre que le sont votre main ou votre cœur. En suivant la technique biblique, vous éliminerez complètement de votre esprit toutes considérations de conditions, de circonstances ou toutes contingences adverses. Vous plantez dans votre esprit une semence (un concept) qui, si vous ne la dérangez pas, va infailliblement germer et fructifier extérieurement.

[2] En anglais, guérisseur, « healer », n'a aucun sens péjoratif et s'applique aussi bien aux membres des écoles officielles. N.T.

La première condition sur laquelle Jésus insistait était la foi. A maintes et maintes reprises vous lisez dans la Bible, *Il vous est donné selon votre foi.* Si vous plantez dans la terre certaines graines, vous êtes sûr qu'elles vont reproduire leur espèce. Telle est la loi des semences et, faisant confiance à cette loi de croissance, vous savez que ces graines vont donner les fruits de leur espèce. La foi dont parle la Bible est une manière de penser, une attitude d'esprit, une certitude intérieure, le fait de savoir que l'idée que vous acceptez pleinement de votre esprit conscient va prendre corps dans votre subconscient et se manifester. La foi, c'est, dans un sens, le fait d'accepter pour vrai ce que votre raison et vos sens nient, c'est-à-dire le fait de fermer la porte au « petit » esprit conscient, rationnel et analytique pour embrasser une attitude de confiance absolue dans la puissance de votre subconscient.

Un exemple classique de la technique biblique se trouve dans l'évangile selon saint Matthieu 9 : 28-30. *Et lorsqu'il fut rentré dans la maison, les aveugles s'approchèrent de lui et Jésus leur dit : Croyez-vous que je puisse faire ce que vous demandez ? Ils lui répondirent : Oui, Seigneur. Alors il leur toucha les yeux et leur dit : qu'il vous soit fait selon votre foi. Et ils recouvrèrent la vue. Jésus ajouta d'un ton sévère : Prenez garde que personne ne le sache.*

Dans les paroles qu'*il vous soit fait selon votre foi* vous pouvez voir que Jésus faisait appel à la coopération de l'esprit subconscient des aveugles. Leur foi était une grande expectative, un sentiment, une conviction intime que quelque chose de miraculeux allait s'accomplir, que leur prière allait être exaucée, et il en fut ainsi : Voilà quelle est la technique de la guérison consacrée par le temps et utilisée par tous ceux qui guérissent à travers le monde, sans distinction de religion.

Dans les paroles, *prenez garde que personne ne le sache,* Jésus enjoint aux malades nouvellement guéris de ne pas discuter de leur guérison afin de n'être pas en butte aux critiques sceptiques et attentatoires des incroyants. Ceci aurait pu tendre à leur enlever le bénéfice reçu de la main de Jésus en déposant des pensées de crainte, de doute et d'anxiété dans leur subconscient.

*... car avec autorité et puissance, il commanda aux esprits impurs, et ils sortirent. Luc 4 : 36.*

Lorsque les malades venaient à Jésus pour être guéris, ils l'étaient par leur foi accordée à la sienne et à sa connaissance de la puissance curative du subconscient. Tout ce qu'il décrétait, ils sentaient intérieurement que cela était vrai. Il était, avec eux qui avaient besoin d'aide, dans l'unique esprit subjectif universel, et sa connaissance et sa conviction silencieuse de la puissance curative transformait les prototypes négatifs destructeurs dans le subconscient des malades. Les guérisons qui en résultaient étaient autant de réponses automatiques au changement mental intérieur. Son commandement était son appel au subconscient des malades auquel s'ajoutait sa conscience, son sentiment et sa confiance absolue dans la réponse du subconscient aux paroles qu'il avait prononcées avec autorité.

Il est bien établi que des guérisons ont eu lieu dans diverses églises à travers le monde, au Japon, aux Indes, en Europe et en Amérique. J'ai visité plusieurs des temples les plus fameux du Japon. Il se trouve, dans celui de Diabutsu, qui est célèbre dans le monde entier, une gigantesque divinité de bronze, un Bouddha assis, les mains croisées et la tête inclinée en une attitude de profonde extase. Cette statue est haute de 42 pieds et on l'appelle le grand Bouddha. Je vis jeunes et vieux déposer à ses pieds leurs offrandes; de l'argent, des fruits, du riz et des oranges. On allumait des cierges, on brûlait de l'encens, on récitait des prières de supplication.

Le guide qui m'accompagnait m'expliqua l'incantation que murmurait une jeune fille s'inclinant bas pour placer son offrande de deux oranges. Elle alluma aussi un cierge. Le guide me dit qu'elle avait été aphone et qu'elle avait recouvré sa voix dans ce temple. Elle avait eu la foi simple de penser que Bouddha lui permettrait de chanter à nouveau si elle se soumettait à un certain rite, jeunait et faisait certaines offrandes. Tout ceci aida à attiser sa foi et son expectative; il en résulta un conditionnement de son esprit qui parvint à la certitude. Son subconscient répondit à sa croyance.

Pour illustrer davantage la puissance de l'imagination et de la foi absolue, je citerai le cas de l'un de mes parents atteint de tuberculose. Ses poumons étaient très malades. Il avait un fils qui décida de guérir son père. Il revint à Perth, en Australie occidentale, où son père vivait et il lui dit qu'il avait rencontré un moine qui revenait d'une chapelle, en Europe, où des guérisons se produisaient. Ce moine lui avait vendu un morceau de la vraie Croix, pour lequel il lui avait remis l'équivalent de 500 dollars.

En fait, ce jeune homme avait tout bonnement ramassé sur le trottoir un éclat de bois, puis il s'était rendu chez un bijoutier et l'avait fait sertir dans une bague. Il dit à son père que beaucoup de personnes avaient été guéries par le seul fait d'avoir touché cette bague. Il enflamma et attisa l'imagination de son père au point que celui-ci lui arracha littéralement la bague des mains, la mit sur sa poitrine, pria silencieusement, et s'endormit. Le lendemain matin, il était guéri. Tous les examens cliniques furent négatifs.

Vous avez bien compris, bien entendu, que ce ne fut point le morceau de bois qui le guérit. Ce fut son imagination attisée jusqu'à l'intensité à laquelle s'ajouta l'expectative confiante d'une guérison parfaite. L'imagination s'ajouta à la foi, au sentiment subjectif, et leur union amena la guérison. Le père ne connut jamais le stratagème employé. S'il l'avait su, il aurait probablement eu une rechute. Il demeura guéri et mourut quinze ans plus tard, à l'âge de quatre-vingt-neuf ans.

C'est un fait bien connu : les différentes écoles de guérison effectuent les cures les plus merveilleuses. La conclusion évidente — qui s'impose à l'esprit — est qu'il doit y avoir un principe fondamental commun, le subconscient, et que l'unique processus de guérison est la foi.

Ici il convient de vous rappeler une fois de plus les vérités fondamentales suivantes :

Premièrement, que vous possédez des fonctions mentales que l'on a distinguées en nommant l'une « esprit conscient », et l'autre « esprit subconscient ».

Deuxièmement, votre esprit subconscient est constamment docile, soumis à la puissance de la suggestion. De plus, votre subconscient exerce un contrôle absolu sur les fonction, les conditions et les sensations de votre corps.

Je ne doute pas que les lecteurs de ce livre soient au courant du fait que les symptômes de presque toutes les maladies peuvent être provoqués par la suggestion chez les sujets en état d'hypnose. Par exemple, un sujet dans cet état peut présenter une température élevée avec vive coloration de la face accompagnée de frissons, selon la nature de la suggestion qui lui est faite. On peut suggérer au sujet qu'il est paralysé et incapable de marcher; il en sera ainsi. On peut lui mettre sous le nez une tasse remplie d'eau froide en lui disant : « Cette tasse est pleine de poivre, sentez-la ». Il se mettra à éternuer. Que pensez-vous qui fut cause de son éternuement, l'eau ou la suggestion ?

Si un homme dit qu'il est allergique au pollen, vous pourrez placer devant son nez une fleur artificielle ou un verre vide, lorsqu'il est en état d'hypnose, en lui disant que c'est du pollen. Il présentera les symptômes allergiques habituels. Voilà qui indique bien que la cause de son mal est dans son esprit. La guérison de ce mal peut également s'opérer dans son esprit.

Vous savez que des guérisons remarquables sont imputables à la médecine homéopathique, chiropratique, allopathique et à la naturopathie, ainsi qu'à tous les groupes religieux à travers le monde, mais il est évident que toutes ces guérisons sont faites par le subconscient — le seul guérisseur qui soit. Remarquez comme il guérit une coupure que vous vous faites au visage en vous rasant. Il sait exactement comment s'y prendre. Le médecin panse une plaie et dit : « La nature la guérit ! ». La nature, c'est la loi naturelle, la loi du subconscient, celle de l'auto-préservation qui est la fonction même du subconscient. L'instinct de préservation est la première loi de la nature. Votre instinct le plus fort constitue la plus puissante de toutes les autosuggestions.

## *Théories très différentes*

Il serait fastidieux et inutile de discourir longuement sur les nombreuses théories proposées par les différentes sectes religieuses et par les groupes de thérapeutique de la prière. La plupart pensent que puisque leur théorie produit des résultats, elle est la meilleure. Comme nous l'avons expliqué dans ce chapitre, cela manque d'exactitude.

Vous savez qu'il y a toutes sortes de guérisons : Franz Anton Mesmer, médecin autrichien (1734-1815) qui exerça à Paris, découvrit qu'en plaçant des aimants sur un corps malade, il guérissait miraculeusement la maladie. Il guérit aussi en se servant de morceaux de verre et d'autres métaux. Puis il abandonna ce traitement et déclara que ses guérisons étaient dues au « magnétisme animal », sa théorie étant que cette substance était projetée par le guérisseur sur le patient.

A partir de ce moment, il se servit de l'hypnotisme ou mesmérisme pour soigner les malades. Les autres médecins disaient que toutes ses guérisons étaient dues à la suggestion et à rien d'autre.

Tous ces groupes, qu'il s'agisse des psychiatres, des psychologues, des homéopathes, des chiropraticiens, des allopathes ou de praticiens de diverses appartenances, se servent de l'unique puissance universelle qui se trouve dans le subconscient, en dépit du fait que chacun proclame l'excellence de sa théorie. Le processus de toute guérison est une attitude mentale définie, positive, une attitude intérieure, une manière de penser qu'on appelle la foi. La guérison est due à une expectative pleine de confiance qui agit en tant que suggestion puissante sur le subconscient, libérant sa puissance curative. Un homme ne guérit pas au moyen d'une puissance qui diffère de celle d'un autre. Il est vrai qu'il peut avoir sa propre théorie, sa méthode particulière : il n'y a néanmoins qu'un processus curatif, qui est la foi. Il n'y a qu'une puissance qui guérit, c'est votre subconscient. Choisissez la théorie, la méthode que vous préférez. Vous pouvez être assuré, si vous avez la foi, que vous obtiendrez des résultats.

## *Les idées de Paracelse*

Philippe Paracelse, célèbre alchimiste et médecin suisse (1493-1541), fut un grand guérisseur de son temps. Il énonça ce qui est à présent un fait scientifique évident lorsqu'il dit « que l'objet de votre foi soit vrai ou faux, vous en obtiendrez cependant les mêmes effets. C'est ainsi que si je croyais à la statue de saint Pierre comme j'aurais cru en saint Pierre lui-même, j'obtiendrais les mêmes effets que j'aurais obtenus du saint lui-même. Mais ceci est de la superstition. La foi, cependant, produit des miracles, que cette foi soit vraie ou fausse, elle produira toujours les mêmes merveilles ».

Le philosophe italien du XVI<sup>e</sup> siècle, Pietro Pomponazzi, contemporain de Paracelse, partageait cette manière de voir; il dit : « Nous pouvons facilement concevoir les effets merveilleux que peuvent produire la confiance et l'imagination, particulièrement lorsque ces deux qualités sont réciproques entre les sujets et la personne qui les influence. Les guérisons attribuées à l'influence de certaines reliques sont l'effet de l'imagination et de la foi des malades. Les charlatans, comme les philosophes, savent que si les os de n'importe quel squelette étaient mis à la place des os d'un saint, les malades n'en obtiendraient pas moins des effets bénéfiques en croyant que ces os sont la véritable relique.

Si donc vous croyez à l'efficacité des reliques des saints pour guérir, ou si vous croyez à la puissance curative de certaines eaux, vous obtiendrez des résultats à cause de la puissante suggestion faite à votre subconscient. C'est ce dernier qui effectue la guérison.

## *Les expériences de Bernheim*

Hippolyte Bernheim, professeur de médecine à la Faculté de Nancy (1910-1919) enseignait que la suggestion faite par le médecin à son malade opérait à travers le subconscient.

Bernheim, dans sa *Thérapeutique suggestive,* à la page 197, conte l'histoire d'un homme atteint de paralysie de la langue qu'aucun traitement n'avait soulagé. Un jour, son médecin lui dit qu'il avait acquis un nouvel instrument et il lui promit qu'il allait, par ce moyen, le guérir. Il introduisit un thermomètre de poche dans la bouche de son malade. Celui-ci imagina que c'était l'instrument qui allait le sauver. En quelques instants, il cria joyeusement qu'il pouvait à nouveau remuer librement sa langue.

« Nous avons », dit Bernheim, « parmi nos malades des cas semblables. Une jeune fille vint me consulter : elle avait complètement perdu l'usage de la parole depuis près d'un mois. Après m'être assuré du diagnostic, je dis à mes élèves que la perte de la parole cédait parfois instantanément au traitement électrique, qui pouvait agir simplement par son influence suggestive. Je fis chercher l'appareil d'induction, j'appliquai ma main sur la langue de la jeune malade, je bougeai un peu et je dis : « A présent vous pouvez parler à haute voix ». En un instant je lui fis dire « a », puis « b », ensuite « Maria ». Elle continua à parler distinctement; la perte de sa voix avait disparu. »

Ici Bernheim démontre la puissance de la foi et de l'expectative de la part du malade, qui agissent en tant que suggestion puissante sur le subconscient.

## *Une ampoule provoquée par suggestion*

Bernheim déclare qu'il provoqua une phlyctène (ampoule) sur la partie postérieure du cou d'un patient en y appliquant un timbre-poste et en suggérant au malade qu'il s'agissait d'un papier à mouche. Ceci a été confirmé par les expériences de nombreux médecins dans toutes les parties du monde, expériences qui ne laissent aucun doute sur le fait que des changements structuraux peuvent faire suite aux suggestions orales faites aux malades.

## *La cause des stigmates sanglants*

Dans la *Loi des phénomènes psychiques,* Hudson, à la page 153, déclare : « Des hémorragies et des stigmates sanglants peuvent être provoqués sur certains sujets au moyen de la suggestion. »

Le D^r^ M. Bourru mit un sujet en état somnambulique et lui donna la suggestion suivante : « A quatre heures cet après-midi, après l'hypnose, vous entrerez dans mon cabinet, vous prendrez place dans le fauteuil, croiserez les bras sur votre poitrine et votre nez se mettra à saigner ». A l'heure indiquée, le jeune homme fit ce qui lui avait été dit. Plusieurs gouttes de sang coulèrent de sa narine gauche.

Une autre fois, le même expérimentateur traça sur les deux avant-bras d'un malade le nom de celui-ci avec la pointe émoussée d'un instrument, puis il lui dit : « A quatre heures cet après-midi vous vous endormirez et vos bras saigneront sur les points que j'ai tracés et votre nom apparaîtra sur vos bras, écrit en lettres de sang ». Le sujet fut observé à quatre heures et sembla s'endormir. Puis les lettres apparurent en relief vif sur le bras gauche et à plusieurs endroits il y eut des gouttes de sang. Les lettres étaient encore visibles trois mois plus tard, bien que peu à peu elles aient pâli ».

Ces faits démontrent à la fois la justesse des deux propositions fondamentales précédemment énoncées, à savoir, la constante soumission et le contrôle parfait que le subconscient exerce sur les fonctions, sensations et conditions du corps.

Tous les phénomènes que nous venons de décrire « dramatisent » les conditions anormales provoquées par la suggestion et sont des preuves concluantes du fait que *tel un homme pense en son cœur* (son esprit subconscient) *tel il est.*

## *Résumé des processus curatifs*

1. Rappelez-vous fréquemment que la puissance curative est dans votre propre subconscient.

2. Prenez conscience de ce que la foi est semblable à une graine plantée en terre; elle pousse selon la loi de son espèce. Plantez l'idée (la graine) dans votre esprit, arrosez-la et fertilisez-la de votre expectative, elle se manifestera.

3. L'idée que vous avez d'un livre, d'une invention nouvelle, ou d'une pièce de théâtre est bien réelle dans votre esprit. C'est pourquoi vous pouvez croire que vous la tenez dès maintenant. Croyez à la réalité de votre idée, de votre projet, de votre invention et tandis que vous le croyez, vous en verrez la manifestation.

4. Lorsque vous priez pour autrui, prenez conscience de ce que votre contemplation de l'intégrité, de la beauté et de la perfection peut transformer les prototypes négatifs dans le subconscient de celui pour lequel vous priez et donner les résultats les plus merveilleux.

5. Les guérisons miraculeuses dont vous entendez parler sont dues à l'imagination et à la foi absolue qui agissent sur le subconscient, libérant la puissance curative.

6. Toute maladie commence dans l'esprit. Rien ne se manifeste dans le corps sans qu'il y ait un prototype mental correspondant.

7. Les symptômes de presque toutes les maladies peuvent être provoqués par la suggestion hypnotique. Ceci démontre la puissance de votre pensée.

8. Il n'y a qu'un processus curatif, c'est la foi. Il n'y a qu'une puissance curative, à savoir, votre subconscient.

9. Que l'objet de votre foi soit vrai ou faux, vous obtiendrez des résultats. Votre subconscient répond à la pensée qui demeure dans votre esprit. Considérez la foi comme étant la pensée qui demeure dans votre esprit, et cela suffira.

CHAPITRE V

# Guérisons mentales dans les temps modernes

Chacun s'intéresse nécessairement à la guérison du corps humain. Qu'est-ce qui guérit ? Où se trouve cette puissance curative ? Voilà les questions que chacun se pose et la réponse : Cette puissance curative est dans le subconscient de chaque personne et un changement d'attitude mentale de la part du malade libère cette puissance.

Aucun praticien de la science mentale ou religieuse, aucun psychologue, psychiatre, aucun médecin n'a jamais guéri un malade. Un vieux dicton dit : « Le médecin panse la plaie, mais Dieu la guérit ». Le psychologue, le psychiatre s'emploient à enlever des blocages mentaux afin que le principe curatif puisse être libéré, rendant le malade à la santé. De même, le chirurgien enlève les blocages physiques, permettant ainsi aux courants curatifs de fonctionner normalement. Aucun médecin, aucun chirurgien, aucun praticien de la science mentale ne revendique la guérison du malade. La seule puissance curative est appelée de bien des noms — la Nature, la Vie, Dieu, l'Intelligence créatrice et la Puissance subconsciente.

Comme il a été dit précédemment, il y a de nombreuses méthodes pour enlever les blocages mentaux, émotionnels et physiques qui inhibent le courant du principe curatif de la vie, qui nous anime tous. Le principe curatif qui habite notre subconscient va, s'il est convenablement dirigé, soit par nous, soit par une autre personne, guérir votre esprit et votre corps de toute maladie. Ce principe curatif est actif dans tous les hommes, quelle que soit leur confession, leur couleur de peau ou leur race. Vous n'avez pas à appartenir à une église particulière pour être à même de participer à ce processus curatif. Votre subconscient va guérir la brûlure ou la coupure que vous vous faites à la main, même si vous êtes athée.

La thérapeutique mentale moderne est basée sur la vérité selon laquelle l'intelligence et la puissance infinie de votre subconscient répondront selon votre foi. Le praticien de science divine suit l'injonction de la Bible, c'est-à-dire qu'il entre dans sa chambre et ferme la porte, ce qui signifie qu'il tranquillise son esprit, se détend, se laisse aller et se met à penser à l'infinie puissance curative qui est en lui. Il ferme la porte de son esprit à toutes distractions extérieures ainsi qu'aux apparences, puis, tranquillement et positivement, il remet sa requête, son désir, à son subconscient, prenant conscience de ce que l'intelligence de son esprit va lui répondre selon ses besoins particuliers.

*La chose la plus merveilleuse à savoir est celle-ci :* Imaginez le résultat que vous souhaitez et sentez-en la réalité; l'infini principe de toute vie va répondre à votre choix conscient, à votre requête consciente. Voilà quelle est la signification de ces paroles, *croyez que vous avez reçu et vous recevrez.* C'est ce que fait le savant moderne qui pratique la thérapeutique de la prière.

## *Un seul processus curatif*

Il n'y a qu'un seul principe curatif universel agissant à travers tout ce qui constitue l'univers — le chat, le chien, l'arbre, l'herbe, le vent, la terre — car tout vit. Ce principe de vie opère à travers le règne animal, le règne végétal et le règne minéral en tant qu'instinct et loi de croissance. L'homme est conscient de ce principe de vie et il peut consciemment le diriger afin qu'il soit pour lui une bénédiction infinie.

Il y a maints processus, techniques et méthodes différentes pour se servir de cette puissance universelle, mais il n'y a qu'un seul processus curatif, qui est la foi, car *il vous est fait selon votre foi.*

## *La loi de la croyance*

Toutes les religions représentent des formes de croyance et ces croyances s'expliquent de bien des façons. La loi de la vie est croyance. Que croyez-vous au sujet de vous-même, de la vie, de l'univers ? *Il vous est fait selon votre croyance.*

La croyance est une pensée dans votre esprit qui fait que la puissance de votre subconscient est distribuée à toutes les phases de votre vie selon vos habitudes de penser. Il faut que vous compreniez que la Bible ne parle pas de votre croyance en un rite, un cérémonial, une forme, une institution, en un homme ou une formule. La Bible parle de la croyance elle-même. La croyance en votre esprit, c'est simplement la pensée que vous entretenez dans votre esprit. *Si tu peux croire, à celui qui croit tout est possible. Marc 9.23.* Il est insensé de croire que quelque chose peut vous blesser ou vous nuire.

Souvenez-vous que ce n'est point la chose dont vous croyez qu'elle est capable de vous faire mal qui va créer le résultat, c'est la croyance, la pensée que vous entretenez dans votre esprit. Toutes vos expériences, toutes vos actions et tous les événements et circonstances de votre vie ne sont que les réflexions et les réactions de votre propre pensée.

## *La thérapeutique de la prière, c'est la fonction combinée du conscient et du subconscient scientifiquement dirigée*

La thérapeutique de la prière, c'est la fonction synchronisée, harmonieuse et intelligente des niveaux conscient et subconscient de l'esprit, spécifiquement dirigée vers un but défini. Dans la prière scientifique, la thérapeutique de la prière, il faut savoir ce que l'on fait et pourquoi on le fait. Il s'agit de faire confiance à la loi de la guérison. On appelle parfois la thérapeutique de la prière, traitement mental, ou encore, prière scientifique.

En thérapeutique de la prière, vous choisissez consciemment une idée particulière, une image mentale, un plan que vous désirez voir se réaliser. Vous prenez conscience de votre capacité à communiquer cette idée, cette image mentale à votre subconscient, en sentant la réalité de l'état désiré. Si vous restez fidèle à cette attitude mentale, votre prière sera exaucée. La thérapeutique de la prière est une action mentale définie dans un but spécifique défini.

Supposons que vous décidiez de guérir une certaine difficulté par la thérapeutique de la prière. Vous savez que votre problème, ou votre maladie, quelle qu'elle soit, a pour cause des pensées négatives chargées de crainte et logées dans votre subconscient, et vous savez que si vous parvenez à nettoyer votre esprit de ces pensées, vous obtiendrez une guérison.

Par conséquent, vous vous tournez vers la puissance curative de votre propre subconscient et vous vous remémorez sa puissance, son intelligence infinie et sa capacité à guérir toutes conditions. En méditant sur ces vérités, votre crainte commencera à se dissoudre et la remémoration de ces vérités corrigera aussi les croyances erronées.

Vous rendez grâce pour la guérison dont vous êtes sûr qu'elle vient, et puis vous détournez votre esprit de votre difficulté jusqu'à ce que vous vous sentiez poussé, au bout d'un certain temps, à prier de nouveau. Tandis que vous priez, vous refusez absolument de donner aucune puissance aux conditions négatives ni d'admettre un seul instant que la guérison ne s'accomplira pas. Cette attitude d'esprit amène l'union harmonieuse du conscient et du subconscient, ce qui a pour résultat de libérer la puissance curative.

## *La guérison par la foi, ce qu'elle signifie et comment la foi absolue agit*

Ce qui est communément appelé guérison par la foi n'est pas la foi dont parle la Bible; celle-là signifie la connaissance de l'interaction entre l'esprit conscient et subconscient. Celui qui guérit par la foi guérit sans aucune connaissance véritable des pouvoirs et des forces dont il s'agit. Il dira qu'il possède un don spécial pour guérir; la foi aveugle, absolue, que le malade accordera à ses pouvoirs donnera le résultat.

Le médecin vaudou guérira par des incantations; quelqu'un d'autre pourra être guéri en touchant des reliques ou par quelque autre moyen qui fait croire vraiment au malade à l'efficacité de cette méthode ou de ce procédé. Toute méthode qui vous fera passer de la crainte et du souci à la foi et à l'expectative vous guérira. Beaucoup de personnes veulent que, puisque leur théorie personnelle produit des résultats, cette théorie soit la seule vraie. Nous avons expliqué dans le présent chapitre pourquoi il ne peut en être ainsi.

Pour illustrer la manière dont opère la foi : vous vous souvenez de ce qui a été dit au sujet du médecin autrichien Franz Anton Mesmer. En 1776 il déclara qu'il obtenait de nombreuses guérisons en passant sur ses malades des aimants artificiels. Plus tard, il rejeta ses aimants et énonça la théorie du magnétisme animal, fluide qui remplit l'univers mais qui agit surtout dans l'organisme humain.

Mesmer affirmait que ce fluide magnétique émanait de lui, se transmettait à ses malades et les guérissait. Les gens se pressaient chez lui et de merveilleuses guérisons se produisaient.

Mesmer se fixa à Paris et le gouvernement français désigna une commission composée de médecins et de membres de l'Académie des sciences, parmi lesquels se trouvait Benjamin Franklin, pour examiner ces guérisons effectuées par Mesmer. Le rapport de cette commission admit les faits principaux revendiqués par Mesmer, mais elle maintint qu'aucune évidence ne prouvait l'exactitude de sa théorie du fluide magnétique et dit que les effets étaient dus à l'imagination du malade.

Peu après, Mesmer fut exilé et il mourut en 1815. Quelques temps plus tard, le Dr Braid de Manchester entreprit de démontrer que le fluide magnétique n'était pour rien dans les guérisons du Dr Mesmer. Le Dr Braid découvrit que l'on pouvait plonger les malades dans le sommeil hypnotique par suggestion, sommeil pendant lequel beaucoup des phénomènes attribués par Mesmer au magnétisme pouvaient être provoqués.

Vous comprenez bien que toutes ces guérisons étaient indubitablement produites par l'imagination active des malades stimulée par une puissante suggestion de santé faite à leur subconscient. Tout ceci pouvait être appelé foi aveugle, car, à cette époque, on ne savait pas comment ces cures se produisaient.

## *La foi subjective et ce qu'elle signifie*

Vous vous rappelez la proposition qu'il n'est point besoin de répéter en détail, selon laquelle l'esprit subjectif, subconscient, d'un individu est aussi soumis au contrôle de son propre conscient, son esprit objectif, qu'il l'est aux suggestions d'autrui. Il s'ensuit que quelle que soit votre croyance objective, que votre foi soit active ou passive, votre subconscient va être maîtrisé par la suggestion, et votre désir sera exaucé.

La foi nécessaire aux guérisons mentales est une foi purement subjective qui s'atteint lorsque cesse l'opposition active de l'esprit objectif, conscient. Pour la guérison du corps, il est, bien entendu, désirable de s'assurer la foi simultanée du conscient et du subconscient. Cependant, cela n'est pas toujours essentiel si vous vous mettez dans un état de passivité et de réceptivité en détendant votre corps et votre esprit pour entrer dans un état somnolent. Dans cet état de somnolence, vore passivité devient réceptive à l'impression subjective.

Récemment un homme me demanda : « Comment se fait-il que j'aie été guéri par un professeur ? [3] Je ne l'ai pas cru lorsqu'il m'a dit que la maladie n'existe pas plus que la matière ».

Au premier abord cet homme crut qu'on attentait à son intelligence et il protestait contre ce qu'il prenait pour une évidente absurdité. L'explication était simple. Il avait d'abord été apaisé par des paroles tranquillisantes, puis on lui avait dit de se mettre dans un état parfaitement passif, de ne pas parler, de ne penser à rien de particulier. Son professeur, à son tour, se détendit et affirma tranquillement, paisiblement et constamment pendant environ une demi-heure, que cet homme aurait une parfaite santé, la paix, l'harmonie et l'intégrité. Le malade ressentit un immense soulagement et fut guéri.

Il est aisé de comprendre que sa foi subjective s'était manifestée par sa passivité pendant le traitement, et que les suggestions de santé parfaite de son

[3] Le texte dit « ministre », on appelle souvent ainsi aux Etats-Unis les professeurs et praticiens d'ontologie. N.T.

professeur furent acceptées par son subconscient. Les deux esprits subjectifs furent alors *en rapport* [4].

Le professeur ne fut pas handicapé par les autosuggestions contraires du malade qui auraient pu naître d'un doute objectif quant à la puissance du guérisseur ou à l'exactitude de la théorie. Dans l'état somnolent la résistance du conscient fut réduite au minimum; les résultats suivirent. Le subconscient du malade étant nécessairement contrôlé par la suggestion exerça ses fonctions en conséquence; une guérison s'ensuivit.

## *La signification du traitement à distance*

Supposons que vous ayez appris que votre mère est malade à New York alors que vous habitez Los Angeles. Votre mère ne serait pas physiquement présente là où vous êtes, mais vous pourriez prier pour elle. *C'est le Père qui est en nous qui accomplit les œuvres.*

La loi créatrice de l'esprit (le subconscient) nous sert et accomplira l'œuvre. Sa réponse est automatique. Votre traitement mental a pour objet de provoquer dans votre mentalité une réalisation profonde de santé et d'harmonie. Cette réalisation intérieure, agissant à travers le subconscient, opère aussi à travers le subconscient de votre mère car il n'y a qu'un unique esprit créateur. Vos pensées de santé, de vitalité et de perfection agissent à travers cet esprit subjectif universel et mettent en œuvre une loi au niveau subjectif de la vie, qui va produire la guérison du corps de votre mère.

Dans le principe esprit, il n'y a ni temps ni espace. C'est ce même esprit qui opère en votre mère, où qu'elle soit. En réalité il n'y a point de traitement à distance par opposition au traitement en présence du sujet traité, car l'esprit universel est omniprésent. Ce n'est pas que vous vous efforciez de projeter ou de maintenir une pensée. Votre traitement est un mouvement conscient de votre pensée et, à mesure que vous prenez conscience des qualités de santé, de bien-être et de détente, ces qualités vont ressusciter en votre mère; les résultats heureux se produiront.

Voici un exemple parfait de ce qu'on appelle le traitement à distance. Récemment, une personne qui écoute notre programme radio à Los Angeles pria comme suit pour sa mère qui se trouvait à New York et qui souffrait de thrombose coronaire : « La présence qui guérit se trouve exactement là où est ma mère. Son état physique n'est qu'une réflexion de ses pensées qui sont semblables à des ombres projetées sur un écran. Je sais que pour changer les images sur l'écran il faut que je change la projection. Mon esprit est la

[4] En français dans le texte. N.T.

bobine de projection et à présent je projette dans mon propre esprit l'image de l'intégrité, de l'harmonie et de la santé parfaite de ma mère. La présence curative infinie qui créa le corps de ma mère et tous ses organes sature à présent chaque atome de son être et un océan de paix coule à travers chaque cellule de son corps. Ses médecins sont divinement guidés et dirigés et quiconque touche ma mère est dirigé de manière à faire ce qu'il convient pour elle. Je sais que la maladie n'a point d'ultime réalité; s'il en était autrement, nul ne pourrait guérir. Je me range à présent du côté du principe infini d'amour et de vie, et je sais et je décrète que l'harmonie, la santé et la paix s'expriment maintenant dans le corps de ma mère ».

Cette dame pria ainsi plusieurs fois dans la journée et, en quelques jours, sa mère, au grand étonnement de son médecin spécialiste, obtint une remarquable guérison. Il la complimenta sur sa grande foi en la puissance de Dieu. La conclusion à laquelle sa fille était parvenue dans son propre esprit avait déclenché le mouvement de la loi créatrice de l'esprit dans le subjectif qui se manifesta alors en tant que santé et harmonie parfaite dans le corps de sa mère. Ce que la fille avait senti comme vrai pour sa mère fut simultanément suscité dans cette mère.

## *Libérer l'action cinétique du subconscient*

Un psychologue de mes amis me raconta comment il guérit la tuberculose dont la radiographie et les analyses avaient décelé la présence dans un de ses poumons. Il se mit à affirmer tranquillement le soir, au moment de s'endormir : « Chaque cellule, chaque nerf, chaque tissu, chaque muscle de mes poumons est maintenant rendu à la santé et à l'harmonie ».

Ce ne sont pas ses paroles exactes, mais elles représentent l'essence de ce qu'affirma mon ami. Une guérison complète suivit au bout d'un mois environ et les radiographies l'attestèrent.

Je désirais connaître sa méthode et je lui demandai pourquoi il répétait ces paroles au moment de s'endormir. Voici ce qu'il me répondit : « L'action cinétique du subconscient continue pendant toute la durée du sommeil. Par conséquent, donnez à votre subconscient de quoi travailler avant de vous endormir ». Réponse fort sage. Mon ami, en pensant à l'harmonie et à la santé parfaite ne donna jamais de nom à son mal.

Je vous conseille fortement de *cesser de parler de vos malaises ou de leur donner un nom*. L'unique sève dont ils tirent leur vie est votre attention et votre crainte à leur sujet. A l'instar du psychologue dont nous venons de parler, devenez un chirurgien mental; vos peines se détacheront de vous comme se détachent de l'arbre les branches mortes coupées par le sécateur.

Si constamment vous nommez vos douleurs et vos symptômes, vous inhibez l'action cinétique qui libère la puissance curative et l'énergie de votre subconscient. De plus, de par la loi de votre esprit, ces imaginations tendent à prendre forme; *ce que j'ai craint m'est advenu.* Remplissez donc votre esprit des grandes vérités de la vie et allez de l'avant dans la lumière de l'amour.

## *Sommaire des aides à la santé*

1. Sachez d'où vient la guérison. Réalisez que les directions convenables données à votre subconscient vont guérir votre esprit et votre corps.

2. Elaborez un plan bien défini pour remettre entièrement vos requêtes ou vos désirs à votre subconscient.

3. Imaginez la fin que vous désirez et sentez sa réalité. Persévérez, vous obtiendrez des résultats.

4. Comprenez ce qu'est la croyance. Sachez que la croyance est une pensée dans votre esprit et que ce à quoi vous pensez, vous le créez.

5. Il est insensé de croire à la maladie ou d'admettre que quelque chose puisse vous blesser ou vous nuire. Croyez à la santé parfaite, à la prospérité, à la paix, à la richesse et à la direction divine.

6. Les grandes et nobles pensées sur lesquelles vous vous arrêtez habituellement deviennent de grandes actions.

7. Appliquez la puissance de la thérapeutique de la prière à votre vie. Choisissez un certain projet, une idée, une image mentale. Unissez-vous mentalement et émotionnellement à cette idée, si vous restez fidèle à cette attitude mentale, votre prière sera exaucée.

8. Souvenez-vous toujours que si vraiment vous voulez le pouvoir de guérir, vous pouvez l'obtenir par la foi, c'est-à-dire par la connaissance de l'action de votre esprit conscient et subconscient. La foi vient par la connaissance.

9. La foi aveugle signifie que l'on peut obtenir des résultats dans la guérison sans posséder la connaissance scientifique des pouvoirs et des forces en cause.

10. Apprenez à prier pour ceux de vos bien-aimés qui sont malades. Tranquillisez votre esprit, et vos pensées de santé, de vitalité et de perfection, agissant à travers l'unique esprit subjectif universel seront ressentis et ressusciteront dans l'esprit de votre bien-aimé.

CHAPITRE VI

# Techniques pratiques de guérisons mentales

Un ingénieur a, pour construire un pont ou un moteur, une technique et un procédé. Pareil à l'ingénieur, votre esprit aussi a une technique pour gouverner, contrôler et diriger votre vie. Il faut que vous compreniez que les méthodes et les techniques sont primordiales.

L'ingénieur en chef qui construisit le pont de la Porte d'Or connaissait les principes mathématiques, les tensions et les résistances. Il s'était fait une image du pont idéal qu'il avait à construire sur la baie. Enfin, il eut à appliquer des méthodes qui avaient fait leurs preuves : les principes en furent mis en œuvre jusqu'à ce que le pont prenne forme et que nous puissions le traverser dans nos voitures. Il existe aussi des techniques et des méthodes grâce auxquelles vos prières sont exaucées. Si votre prière reçoit sa réponse, il y a un moyen par lequel elle la reçoit et ce moyen est scientifique. Car rien ne se produit par hasard. Notre monde est un monde basé sur des lois et sur un ordre. Dans ce chapitre, vous trouverez des techniques pratiques pour nourrir et pour développer votre vie spirituelle. Vos prières ne doivent point rester en l'air comme un ballon; elles doivent accomplir quelque chose dans votre vie.

Lorsque nous analysons la prière, nous découvrons qu'il y a maintes approches et maintes méthodes. Nous ne considérerons pas, dans ce livre, les prières formalistes, rituelles des services religieux. Celles-ci ont une place importante dans les cultes de groupes. Nous nous intéressons ici aux méthodes de la prière personnelle, telle qu'elle est appliquée dans votre vie quotidienne et comme l'on s'en sert pour aider les autres.

La prière est la formulation d'une idée au sujet de la chose que nous désirons accomplir. La prière c'est le désir sincère du cœur. Votre désir, c'est votre prière. Elle émane de vos besoins les plus profonds et révèle ce que vous voulez dans la vie. *Bienheureux ceux qui ont faim et soif de la justice, car ils seront rassasiés.* C'est cela véritablement, la prière, la faim et la soif de paix, d'harmonie, de santé, de joie et de toutes les autres bénédictions.

## *Technique de l'abandon pour imprégner le subconscient*

Cette technique consiste essentiellement à faire en sorte que le subconscient reçoive la requête que lui adresse l'esprit conscient. Ce transfert s'accomplit mieux dans un état de rêverie. Prenez conscience de ce que votre subconscient est l'Intelligence Infinie, l'Infinie Puissance. Pensez calmement à ce que vous voulez, sentez que, dès ce moment, votre désir fleurit. Soyez comme la petite fille qui avait un très mauvais rhume accompagné d'une angine. Elle déclara fermement à maintes reprises : « Il s'en va maintenant. Il s'en va maintenant ». Il passa en effet au bout d'environ une heure. Servez-vous de cette technique avec une simplicité et même une naïveté complète.

## *Votre subconscient acceptera vos projets*

Si vous construisiez une maison pour votre famille, vous prendriez un intérêt extrême aux plans de votre architecte et vous insisteriez pour que l'entrepreneur se conforme à ses plans. Vous surveilleriez les matériaux et ne choisiriez que le meilleur bois, le meilleur acier; vous voudriez en tout la première qualité. Que faites-vous de votre maison mentale et de vos plans mentaux pour votre bonheur et votre abondance ? Tout ce qui entre dans votre vie dépend de la nature des matériaux dont vous vous servez pour la construction de votre demeure mentale.

Si vos plans sont pleins de concepts mentaux de peur, de souci, d'anxiété ou de pénurie et si vous êtes déprimé, plein de doute et de cynisme, alors la texture du matériau mental que vous tissez dans votre esprit se manifestera sous la forme d'un accroissement de labeur, de soucis, de tension, d'anxiété et de limitations de toutes sortes.

L'activité fondamentale par excellence et de plus grande portée dans la vie est celle que vous élaborez à chaque heure du jour dans votre mentalité. Pour être silencieuse, votre parole n'en est pas moins réelle.

Sans cesse vous construisez votre demeure mentale et votre pensée et votre imagerie mentale constituent vos plans. D'heure en heure, d'instant en instant, vous pouvez élaborer la santé radieuse, le succès et le bonheur au moyen des pensées que vous entretenez, des idées que vous accueillez, des croyances que vous acceptez et des scènes que vous répétez dans le studio secret de votre esprit. Ce majestueux édifice, dans la construction duquel vous êtes perpétuellement engagé, c'est votre personnalité, votre identité sur le plan extérieur, toute l'histoire de votre vie sur cette terre.

Faites des plans nouveaux : construisez silencieusement en prenant conscience de la paix, de l'harmonie, de la joie et de la bonne volonté dans le moment présent. En méditant sur ces choses-là, en les revendiquant, votre subconscient va accepter votre nouveau plan et va manifester dans votre vie ces qualités. *On les reconnaîtra à leurs fruits.*

## *La science et l'art de la vraie prière*

Le terme « science » signifie la connaissance coordonnée, classée et systématisée. Pensons à la science et à l'art de la vraie prière par rapport aux principes fondamentaux de la vie et aux techniques et processus au moyen desquels ils peuvent être démontrés dans votre vie, ainsi que dans la vie de tout être humain, lorsqu'il les applique fidèlement. L'art, c'est votre technique, votre processus et la science sur laquelle ils reposent est la réponse définie de l'esprit créateur à votre image mentale, à votre pensée.

*Demandez, et vous recevrez; cherchez, et vous trouverez; frappez, et l'on vous ouvrira. Matthieu 7 : 7.*

Cet enseignement implique la précision des lois mentales et spirituelles. Il y a toujours une réponse directe de l'Intelligence Infinie de votre subconscient à votre mode de penser conscient. Si vous demandez du pain, vous ne recevrez pas une pierre. Mais, pour recevoir, il faut que vous demandiez en *croyant.* S'il n'y a point dans votre esprit une image, votre esprit ne peut se mouvoir, car alors rien ne le pousse en avant. Votre prière, qui est un acte mental, doit être acceptée comme une image par votre esprit avant que la puissance de votre subconscient puisse s'en emparer et en produire la manifestation. Il faut que vous atteigniez le point de l'acceptation dans votre esprit, il faut que ce soit un accord absolu, sans discussion.

Cette contemplation doit être accompagnée d'un sentiment de joie et de repos dans la certitude de l'accomplissement de votre désir. Votre connaissance de ce que le mouvement de votre esprit conscient obtient toujours une réponse précise de votre esprit subconscient, qui est uni à la sagesse, à la puissance infinie, et votre confiance absolue, voilà quelles sont les bases fondamentales de l'art et de la science de la vraie prière. En agissant ainsi, vous verrez votre prière exaucée.

## *La technique de la « visualisation »*

Le moyen le plus facile et le plus évident pour formuler une idée, c'est de la « visualiser » [5], de la voir avec l'œil de votre esprit, avec autant d'acuité que si elle était manifestée. Vous ne pouvez voir de votre œil de chair que ce qui existe déjà dans le monde extérieur; de même, ce que vous êtes capable de « visualiser » avec l'œil de votre esprit existe déjà sur les plans invisibles de votre esprit. Toute image que vous retenez dans votre esprit est *la substance même des choses que l'on espère, l'évidence des choses qu'on ne voit point.* Ce que vous formez dans votre imagination est aussi réel que les parties de votre corps. L'idée et la pensée sont des réalités qui vont un jour apparaître dans votre monde objectif si vous restez fidèle à votre image mentale.

Ce processus de penser forme des impressions dans votre esprit; à leur tour, ces impressions se manifestent dans des faits et des expériences, dans votre vie. Le constructeur « visualise » le genre d'édifice qu'il désire et il le voit tel qu'il veut le voir achevé. Son imagerie et le processus de son mode de penser sont semblables à un moule plastique d'où va sortir la construction — belle ou laide, gratte-ciel ou maison basse. Son imagerie mentale est projetée telle qu'elle est dessinée sur le papier. Ensuite, le constructeur et ses ouvriers assemblent les matériaux essentiels et la construction progresse jusqu'à ce qu'elle soit terminée, parfaitement conforme au prototype mental de l'architecte.

Je me sers de cette technique de la visualisation avant de prendre la parole en public. Je tranquillise les rouages de mon esprit afin de pouvoir présenter des images-pensées à mon subconscient. Puis, je vois tout l'auditoire, les fauteuils occupés par des hommes et des femmes qui, tous, sont illuminés et inspirés par la présence curative infinie qui est en chacun d'eux. Je les vois radieux, heureux et libres.

Ayant ainsi construit cette idée dans mon imagination, je la soutiens tandis que j'entends en imagination ces hommes et ces femmes dire : « Je suis guéri », « Je me sens merveilleusement bien », « Je viens d'être instantanément guéri », « Je suis transformé ». Je maintiens cela pendant environ dix minutes ou davantage, sachant et sentant que l'esprit et le corps de mes auditeurs est saturé d'amour, d'intégrité physique, de beauté et de perfection. Cette prise de conscience s'accroît au point où, en mon esprit, j'entends clairement la voix de la multitude proclamant sa santé et son bonheur; alors je libère toute cette image et j'entre en scène. Presque chaque fois, quelqu'un m'arrête à la sortie pour me dire que ses prières ont reçu leur réponse.

[5] Nous prions nos lecteurs de bien vouloir accepter cet indispensable anglicisme. N.T.

## *La méthode de l'image mentale*

Les Chinois disent : « Une image vaut mille mots ». William James, le père de la psychologie américaine, insiste sur le fait que le subconscient produira toute image maintenue dans le conscient et soutenue par la foi. *Agis comme si cela était, il en sera ainsi.*

Il y a plusieurs années, je me trouvais dans le Middle West, faisant des conférences dans plusieurs Etats, et je désirais me fixer en un lieu d'où je pourrais le mieux servir tous ceux qui désiraient de l'aide. Je voyageais beaucoup, mais ce désir ne quittait pas mon esprit. Un soir, je me trouvais dans un hôtel de Spokane, Washington; je me détendis complètement sur un divan, j'immobilisai mon attention et, de manière tranquille, passive, j'imaginai que je parlais à un vaste auditoire, disant en effet : « Je suis heureux d'être ici, j'ai prié pour que l'occasion idéale se présente ». Je vis en imagination mon auditoire et j'en sentis la réalité. Je jouai le rôle d'un acteur, et je « dramatisai » ce cinéma mental jusqu'à être convaincu que cette image était reçue par mon subconscient, qui allait se manifester à sa façon. Le lendemain, en m'éveillant, je ressentis un grand état de paix et de satisfaction, et quelques jours plus tard je reçus un télégramme par lequel on me priait de prendre la direction d'un centre du Midwest, ce que je fis avec infiniment d'agrément pendant plusieurs années.

La méthode que je viens d'énoncer a satisfait de nombreuses personnes qui l'ont décrite comme « la méthode de cinéma mental ». J'ai reçu de nombreuses lettres de personnes qui écoutent mes causeries à la radio et mes conférences publiques hebdomadaires, et me parlent des merveilleux résultats qu'elles obtiennent en se servant de cette technique pour la vente de leurs propriétés. Je suggère à ceux qui veulent vendre leurs immeubles ou leur appartement de parvenir à la conviction sincère de la justesse du prix qu'ils demandent. Puis, je déclare que l'Intelligence Infinie leur attire l'acheteur qui a vraiment besoin de leur propriété, qui la trouvera tout à fait à son goût et qui y prospérera. Après cela, je leur suggère de se détendre, de se laisser aller à un état d'engourdissement, de pré-somnolence qui réduit au minimum tout effort mental. A ce moment, ils doivent se représenter le chèque de l'acquéreur entre leurs mains, en se réjouissant et en rendant grâce, et s'endormir dans le sentiment que tout ce cinéma mental, créé dans leur esprit, est tout à fait vivant. Ils doivent se conduire comme si cela était une réalité objective, et le subconscient en recevra l'impression. Les courants profonds de l'esprit réuniront l'acheteur et le vendeur. Une image mentale, maintenue dans l'esprit et soutenue par la foi, se manifestera.

## *La technique Baudouin*

Charles Baudouin, professeur à l'Institut Rousseau, en France, fut un brillant psychothérapeute et directeur des recherches à la Nouvelle Ecole de Nancy. En 1910, il enseigna que le meilleur moyen pour impressionner le subconscient est d'entrer dans un état somnolent dans lequel tout effort est réduit au minimum. Dans cet état passif, réceptif, il transmettait au subconscient son idée. Voici quelle était sa formule : « Un moyen très simple de parvenir à l'imprégnation du subconscient est de condenser l'idée qui doit être l'objet de la suggestion, de la résumer en une courte phrase qui peut être facilement gravée dans la mémoire, et de la répéter à maintes reprises comme une berceuse ».

Il y a quelques années une dame de Los Angeles se trouvait en procès au sujet d'un testament. Son mari lui avait légué tous ses biens et les enfants d'un premier mariage luttaient férocement pour faire casser le testament. Le procès se prolongeait. La technique Baudouin lui fut expliquée et voici ce qu'elle fit : détendant son corps dans un fauteuil, elle entra dans un état de somnolence, comme on le lui avait conseillé, condensa l'idée qui représentait son désir en une phrase de six mots en disant : « Cela est terminé dans l'Ordre Divin ». Cela signifiait pour elle que l'Intelligence Infinie opérait au moyen de la loi de son subconscient et allait provoquer un harmonieux règlement en vertu du principe d'harmonie. Elle continua ce procédé, matin et soir, pendant dix jours environ, prononçant lentement, calmement en le sentant bien : « Cela est terminé dans l'Ordre Divin », tout en ressentant une profonde paix intérieure, après quoi elle s'endormait d'un sommeil normal et profond.

Au matin du onzième jour, elle s'éveilla avec un sentiment de bien-être, dans la conviction de ce que *cela était terminé*. Le même jour, son avocat l'appela au téléphone pour lui dire que son confrère et ses clients consentaient à un règlement à l'amiable. Un accord harmonieux s'ensuivit qui mit fin à ce litige.

## *La technique du sommeil*

En entrant dans un état de somnolence, l'effort est réduit au minimum. L'esprit conscient est alors submergé dans une grande mesure, car au moment où nous nous endormons et à l'instant où nous nous éveillons, le subconscient est à son degré d'activité le plus intense. Dans cet état, les pensées négatives, qui tendent à neutraliser votre désir, empêchant ainsi son acceptation par le subconscient, n'existent pas.

Supposons que vous désiriez vous débarrasser d'une fâcheuse habitude. Installez-vous confortablement, détendez votre corps et tranquillisez-vous. Entrez dans un état somnolent et, dans cet état, dites paisiblement à maintes et maintes reprises comme dans une berceuse : « Je suis complètement délivré de cette habitude, en moi l'harmonie et la paix de l'esprit règnent en maîtres ». Répétez cela lentement, avec foi, pendant cinq ou dix minutes soir et matin. Chaque fois que vous répétez ces mots, leur valeur émotionnelle s'accroît. Lorsque vous vous sentez poussé à céder à votre mauvaise habitude, répétez cette formule à haute voix. Vous inciterez ainsi à en faire accepter l'idée par le subconscient et la guérison suivra.

## *La technique du remerciement*

Dans la Bible, Paul nous recommande de faire connaître à Dieu nos requêtes dans la louange et l'action de grâce. D'extraordinaires résultats font suite à cette simple méthode de prière. Le cœur reconnaissant est toujours près des forces créatrices de l'univers et, en vertu de la loi des rapports réciproques, basée sur la loi cosmique d'action-réaction, il s'attire d'innombrables bénédictions.

Par exemple, un père promet à son fils une automobile parce qu'il a été reçu à son baccalauréat; le jeune homme n'a pas encore reçu sa voiture, mais il est déjà très reconnaissant et très heureux, et il est joyeux, tout comme s'il l'avait déjà. Il sait que son père tiendra sa promesse; il a déjà reçu sa voiture avec gratitude dans son esprit.

Voici comment M. Fauché [6] appliqua cette technique avec d'excellents résultats. Il s'était dit : « Les factures s'accumulent, je suis en chômage, j'ai trois enfants et pas d'argent. Que faire ? ». Régulièrement, matin et soir, pendant environ trois semaines, il répéta les paroles suivantes : « Merci, Père, pour ma richesse », étant dans un état de détente et de paix jusqu'à ce que son esprit fût dominé par le sentiment de reconnaissance. Il imagina qu'il s'adressait à la puissance intelligente infinie qui l'habitait, sachant, bien entendu, qu'il ne la pouvait voir de ses yeux de chair. Il la voyait avec l'œil intérieur de la perception spirituelle, ayant compris que son image-pensée était la *première cause,* relativement à l'argent, à la situation et à la nourriture dont il avait besoin. Sa pensée, son sentiment, étaient la substance de l'abondance, n'étant entravés par aucune condition antérieure. En répétant

[6] Dans le texte Mr. Broke — « broke » expression argotique signifiant « fauché ». N.T.

« Merci Père » à maintes et maintes reprises, son esprit et son cœur s'élevèrent jusqu'au point de l'acceptation et, lorsque les pensées de pénurie, de pauvreté et de détresse lui venaient à l'esprit, il répétait : « Merci Père », autant de fois que cela était nécessaire. Il avait compris qu'en maintenant cette attitude de reconnaissance il allait reconditionner son esprit sur l'idée de la fortune; c'est ce qui arriva.

Le résultat de sa prière est des plus intéressants. Il rencontra dans la rue un ancien patron qu'il n'avait pas vu depuis vingt ans. Cet homme lui offrit une situation très lucrative et lui avança 500 dollars. Aujourd'hui, M. Fauché est vice-président de la société. Il me dit récemment : « Jamais je n'oublierai les merveilles qu'accomplit pour moi ce « Merci, Père ».

## *La méthode affirmative*

L'efficacité d'une affirmation est déterminée pour une large part par votre connaissance de la vérité et par la signification que vous donnez à vos paroles; « *quand vous priez ne vous livrez pas à de vaines répétitions* ». Par conséquent, la puissance de votre affirmation est dans l'application intelligente de concepts positifs précis et spécifiques. Par exemple, un enfant additionne trois et trois et pose sept sur le tableau noir. Le maître affirme avec une certitude mathématique que trois plus trois font six; en conséquence, l'enfant corrige son erreur. Ce n'est point la déclaration du professeur qui a fait que deux fois trois font six, cela était déjà une vérité mathématique. C'est cette vérité mathématique qui a fait changer par l'enfant les chiffres sur le tableau noir. Il est anormal d'être malade; il est normal d'être bien portant, car la santé est la vérité de votre être. Lorsque vous affirmez la santé, l'harmonie et la paix en vous-même ou dans un autre, et lorsque vous prenez conscience que ce sont là des principes universels de votre être, vous réordonnez les prototypes négatifs de votre subconscient en vous basant sur votre foi et sur la compréhension de ce que vous affirmez.

Les résultats du processus affirmatif de la prière dépendent de votre conformité aux principes de la vie, sans égard aux apparences. Considérez, je vous prie, qu'il y a un principe des mathématiques, mais point de principe de l'erreur, qu'il y a un principe de l'intelligence, mais point de principe d'ignorance; un principe d'harmonie, mais point de principe de désordre. Il y a un principe de santé, mais point de principe de maladie, il y a un principe d'abondance, mais point de pauvreté.

La méthode affirmative fut choisie par l'auteur du présent ouvrage en faveur de sa sœur, qui devait être opérée d'un calcul biliaire dans un hôpital d'Angleterre. Son mal avait été diagnostiqué d'après des examens et les radiographies habituelles. Ma sœur me demanda de prier pour elle. Nous étions géographiquement séparés par environ 6500 miles, mais il n'y a ni temps ni espace dans le principe de l'entendement. L'entendement, l'intelligence infinie est présent dans sa totalité à tous les points simultanément. Je détournai entièrement ma pensée de la contemplation des symptômes et de la personnalité corporelle. J'affirmai ce qui suit : « Cette prière est pour ma sœur Catherine. Elle est détendue et en paix, équilibrée, sereine et calme. L'intelligence curative de son subconscient, qui créa son corps, en transforme à présent chaque cellule, chaque nerf, chaque muscle et chaque os, selon le modèle parfait de tous les organes qui se trouve dans son subconscient. Silencieusement, tranquillement, tous les prototypes déformés qui sont dans sa subconscience sont enlevés et dissous, et la validité, l'intégrité et la beauté du principe de vie se manifestent dans chaque atome de son être. Elle est à présent ouverte et réceptive aux courants curatifs qui coulent à travers elle et qui la rendent à la santé parfaite, à l'harmonie et à la paix. Toutes déformations, toutes images laides sont à jamais effacées, par l'océan infini d'amour et de paix qui coule à travers elle, et il en est ainsi ».

J'affirmai cela plusieurs fois par jour. Au bout de deux semaines un nouvel examen démontra que ma sœur était absolument guérie; la radiographie l'attesta.

*Affirmer* c'est déclarer qu'il en est ainsi et tandis que vous maintenez cette attitude d'esprit comme vraie, en dépit de toute apparence contraire, vous recevrez une réponse à votre prière. Votre pensée ne peut qu'affirmer, car même si vous niez quelque chose, vous affirmez en fait la présence de ce que vous niez. Répéter une affirmation en sachant ce que vous dites et pourquoi vous le dites, mène votre esprit à cet état de conscience dans lequel il accepte ce que vous déclarez comme vrai. Continuez à affirmer les vérités de la vie, jusqu'à ce que vous obteniez la réaction subconsciente qui vous satisfait.

## *La méthode argumentative*

Cette méthode est exactement ce que le mot implique. Elle émane du procédé du Dr Phineas Parkchurst Quimby, du Maine. Le Dr Quimby, qui fut un pionnier de la guérison mentale, et spirituelle, vécut et exerça à Belfast, il y a cent ans. Un ouvrage intitulé *The Quimby Manuscripts*, publié en 1921 par Thomas Y. Crowell Company, New York City et édité par Horatio Dresser, se trouve dans notre bibliothèque. Ce livre reproduit les articles parus dans les journaux relatant les remarquables résultats obtenus par cet homme, par la prière, dans le traitement des malades. En fait, Quimby reproduisit beaucoup de miracles de guérisons de la Bible. En bref, la méthode argumentative employée par Quimby consiste dans le raisonnement spirituel par lequel vous parvenez à convaincre le malade et vous-même que sa maladie est due à ses fausses croyances, à ses peurs sans fondement et aux prototypes négatifs logés dans son subconscient. Vous en raisonnez clairement dans votre esprit, vous persuadez votre patient de ce que la maladie n'est due qu'au prototype de pensée déformée, tordue, qui a pris forme dans son corps. Cette fausse croyance en quelque puissance extérieure et en des causes également extérieures, s'est extériorisée dans la maladie et peut être transformée par la transformation des prototypes de pensées.

Vous expliquez au malade que la base de toute guérison est un changement de croyance. Vous lui faites aussi remarquer que le subconscient créa le corps avec tous ses organes, par conséquent il sait comment le guérir, il le peut et le fait tandis que vous parlez. Vous arguez dans votre esprit que la maladie est une ombre de l'esprit provoquée par un mode de penser, une imagerie mentale saturée de maladie. Vous continuez d'accumuler dans votre esprit tous les témoignages en faveur de la puissance curative intérieure qui, ayant créé tous les organes, a de chaque cellule, de chaque nerf, de tous les tissus, un prototype parfait. Vous parvenez ainsi à un verdict en faveur de vous-même ou de votre patient. Vous le libérez par votre foi et par votre compréhension spirituelle. Votre témoignage mental et spirituel est irrésistible et comme il n'y a qu'un esprit, ce que vous acceptez comme vrai sera ressuscité dans votre malade. Ce procédé reproduit dans son essence la méthode argumentative dont se servit le Dr Quimby, du Maine, de 1849 à 1869.

## *La méthode absolue est semblable à la thérapeutique moderne des ultra-sons*

Beaucoup de personnes à travers le monde pratiquent cette forme de prière-traitement et en tirent de merveilleux résultats. Celui qui se sert de la méthode absolue cite le nom du malade, par exemple : Jean Durand, puis tranquillement et silencieusement il pense à Dieu et à Ses qualités et attributs : Dieu est béatitude parfaite, amour sans limites, intelligence infinie, toute-puissante, sagesse illimitée, harmonie absolue, beauté indescriptible et perfection. Tandis qu'il médite ainsi, il élève sa conscience jusqu'à une nouvelle longueur d'onde spirituelle, et dans ces moments il sent que l'océan infini de l'amour de Dieu dissout tout ce qui ne lui est pas semblable dans l'esprit et dans le corps de Jean Durand pour lequel il prie. Il sent que toute la puissance et tout l'amour de Dieu sont concentrés sur Jean Durand et que tout ce qui le fait souffrir ou qui le tracasse est à présent complètement neutralisé dans la présence de l'océan infini de vie et d'amour.

La méthode absolue de la prière peut se comparer à la thérapeutique des ultra-sons dont un médecin distingué de Los Angeles me fit récemment une démonstration. Il possède un appareil à ultra-sons qui oscille à une vitesse vertigineuse et qui projette des ondes soniques dans telle région du corps vers laquelle il est dirigé. Ces ondes soniques peuvent être contrôlées et ce médecin me dit avoir obtenu de remarquables résultats par la dissolution de dépôts calcaires dans l'arthrite, ainsi que la guérison d'autres états pathologiques.

*Dans la mesure où nous élevons notre conscience par la contemplation des qualités et des attributs de Dieu,* nous engendrons des ondes électroniques spirituelles d'harmonie, de santé et de paix. Beaucoup de guérisons remarquables témoignent de cette technique de la prière.

## *Une infirme marche*

Le Dr Phineas Parkchurst Quimby, dont nous avons parlé, se servit de la méthode absolue dans les dernières années de son activité. En réalité, il fut le père de la médecine psychosomatique et le premier psychanalyste. Il avait le pouvoir de faire par clairvoyance le diagnostic des malaises, des maladies et des douleurs de ses malades.

Voici un rapport condensé de la guérison d'une infirme dont les *Quimby Manuscripts* font état.

Quimby fut appelé au chevet d'une femme infirme, âgée et alitée. Il déclara que sa maladie avait pour cause le fait qu'elle était emprisonnée dans une foi religieuse si étroite qu'elle ne pouvait ni se tenir debout ni se mouvoir. Elle vivait dans une tombe de crainte et d'ignorance; de plus, elle prenait la Bible dans son sens littéral et en était terrifiée. « Dans cette tombe », dit Quimby, « il y avait la présence de Dieu et Sa puissance qui s'efforçait de faire sauter les liens, de briser les chaînes et de la ressusciter d'entre les morts ». Mais lorsque cette femme demandait une explication de quelque passage de la Bible, la réponse qui lui était donnée était comme une pierre; elle mourait de faim malgré ce pain de vie. Le Dr Quimby diagnostiqua un état d'esprit stagnant et embrouillé, dû à l'incapacité de comprendre clairement le passage de la Bible qu'elle lisait. Ceci se manifestait dans son corps par un sentiment lourd et gourd qui engendrait la paralysie.

Quimby lui demanda ce que signifiaient les versets bibliques suivants : *Encore un peu de temps et je suis avec vous, et puis je vais vers Celui qui m'a envoyé. Vous me chercherez et ne me trouverez point; et là où je suis, vous ne pourrez venir. Jean 7 : 33-34.* Elle répondit que cela veut dire que Jésus monta au ciel. Quimby lui donna la signification véritable de ce passage en lui expliquant qu'*être avec elle pour un peu de temps* signifiait qu'il lui expliquait, lui Quimby, ses symptômes, ses sentiments et leurs causes; c'est-à-dire qu'il avait compassion d'elle momentanément, mais qu'il ne pouvait rester dans cet état mental. Il fallait qu'il allât *vers Celui qui nous envoie,* et qui est, dit Quimby, la puissance créatrice de Dieu en nous tous. Immédiatement Quimby se mit à contempler en esprit l'idéal divin, la vitalité, l'intelligence, l'harmonie et la puissance de Dieu en cette femme. C'est pourquoi il lui dit : « Là où je vais vous ne pouvez venir, parce que vous êtes dans une croyance étroite, restrictive, et que je suis, moi, en parfaite santé ».

Cette prière et cette explication produisirent une sensation instantanée en cette femme et une transformation s'opéra dans son esprit. Elle se leva et marcha sans béquilles. Quimby dit que ce fut la plus singulière de toutes ses guérisons. Cette femme était, en somme, morte à l'erreur; elle était ressuscitée d'entre les morts ayant été ramenée à la vie et à la vérité. Quimby lui rappela la résurrection du Christ et la compara à celle de son propre Christ, sa santé, ce qui produisit sur elle un puissant effet. Il lui expliqua aussi que la vérité qu'elle avait acceptée était l'ange, c'est-à-dire l'idée qui avait fait rouler la pierre tombale de la crainte, de l'ignorance et de la superstition, libérant ainsi la puissance curative de Dieu, qui l'avait rendue à la santé.

## *La méthode du décret*

La puissance de la parole que nous prononçons dépend du sentiment et de la foi qui nous inspirent. Lorsque nous prenons conscience de ce que la puissance qui fait mouvoir la terre se meut aussi en notre faveur, et soutient notre parole, notre confiance et notre assurance s'accroissent. On n'ajoute pas de la puissance à la puissance; par conséquent, il ne s'agit pas, dans la méthode du décret, de lutte, de coercition, de force ni de labeur mental.

Une jeune fille de notre connaissance se servit de cette méthode pour évincer un jeune homme qui lui téléphonait sans cesse, la pressant de lui accorder un rendez-vous et qui venait l'attendre à la sortie de son bureau; elle avait la plus grande difficulté à l'éviter. Elle décréta ce qui suit : « Je libère X vers Dieu. Il est à chaque instant à sa vraie place. Je suis libre et il est libre. Je décrète à présent que mes paroles entrent dans l'entendement infini qui leur donne vie ». Elle m'annonça par la suite que le jeune homme avait disparu et qu'elle ne l'avait jamais revu depuis; ajoutant, « ce fut comme si la terre l'avait englouti ».

*Tu décréteras une chose et elle te sera établie, et la lumière brillera sur tes chemins. Job 22 : 28.*

## *Servez-vous de la vérité scientifique*

1. Soyez un ingénieur mental et servez-vous des techniques qui ont fait leurs preuves pour construire une vie plus grande, plus noble.

2. Votre désir est votre prière. Imaginez l'accomplissement de votre désir et sentez-en la réalité, vous ferez l'expérience de la joie de la prière exaucée.

3. Désirez accomplir les choses facilement — c'est-à-dire avec l'assistance sûre de la science mentale.

4. Vous pouvez vous offrir une santé radieuse, le succès, le bonheur au moyen de pensées que vous entretenez dans le cabinet secret de votre esprit.

5. Faites vos expériences scientifiques jusqu'à ce que vous vous donniez la preuve qu'il y a toujours une réponse directe de l'intelligence infinie de votre subconscient à votre pensée consciente.

6. En prévoyant l'accomplissement certain de votre désir, ressentez-en la joie et soyez en repos.

7. Une image mentale vaut mille mots. Votre subconscient va mener à manifestation toute image que vous maintiendrez avec foi dans votre pensée.

8. Evitez tout effort, toute coercition mentale dans la prière. Mettez-vous dans un état de somnolence et bercez-vous jusqu'au sommeil par le sentiment, la certitude que votre prière est exaucée.

9. Souvenez-vous que le cœur reconnaissant est toujours proche des richesses de l'univers.

10. Affirmer, c'est déclarer qu'il en est ainsi, et tandis que vous maintenez cette attitude d'esprit, *en dépit de toute évidence contraire* [7], vous recevrez une réponse à votre prière.

11. Engendrez des ondes électroniques d'harmonie, de santé et de paix en pensant à l'amour et à la splendeur de Dieu.

12. Ce que vous décrétez dans la certitude va s'accomplir. Décrétez donc l'harmonie, la santé, la paix et l'abondance.

[7] Nous soulignons. N.T.

CHAPITRE VII

# Le subconscient tend vers la vie

Plus de quatre-vingt-dix pour cent de votre vie mentale est subconsciente, de sorte que les hommes et les femmes qui ne se servent pas de cette puissance merveilleuse vivent dans des limites très étroites.

Vos processus subconscients tendent toujours vers la vie et ils sont constructifs. Votre subconscient est le constructeur de votre corps et il maintient toutes ses fonctions vitales. Il est au travail vingt-quatre heures par jour et ne dort jamais. De plus, il s'efforce toujours de vous aider et de vous préserver de tout mal.

Votre subconscient est en contact avec la vie infinie et sa sagesse sans bornes et ses impulsions et ses idées sont toujours dans le sens de la vie. Les grandes aspirations, les inspirations et les visions d'une vie plus noble, plus grande, émanent du subconscient. Vos convictions les plus profondes sont celles que vous ne pouvez discuter rationnellement parce qu'elles ne procèdent pas de votre esprit conscient; elles viennent de votre subconscient. Votre subconscient vous parle au moyen d'intuitions, d'impulsions, de pressentiments, d'intimations et d'idées; sans cesse il vous dit de vous élever, de vous dépasser, de croître, d'avancer, de vous aventurer, d'atteindre les plus hauts sommets. L'impulsion d'aimer, de sauver la vie des autres, provient des profondeurs de votre subconscient. Par exemple, pendant le grand tremblement de terre de San Francisco et l'incendie qui s'ensuivit, le 18 avril 1906, des malades et des infirmes qui gardaient le lit depuis très longtemps se levèrent et accomplirent des prodiges de courage et d'endurance. Le désir intense de sauver les autres à tout prix surgit en eux et leur subconscient répondit en conséquence.

Les grands artistes, les musiciens, les poètes, les orateurs et les écrivains se branchent sur leurs pouvoirs subconscients et en sont animés et inspirés. Par exemple, Robert Louis Stevenson, avant de s'endormir, avait coutume de charger son subconscient de composer des contes pendant son sommeil. Lorsque son compte en banque baissait, il demandait à son subconscient de lui donner un bon roman à sensation et il dit que l'intelligence de son esprit profond lui donnait l'histoire morceau par morceau, comme un feuilleton. Ceci vous montre que votre subconscient prononcera à travers vous des paroles sages et élevées, dont votre esprit conscient ne sait rien.

Bien souvent Mark Twain confia au monde qu'il n'avait jamais travaillé de sa vie. Son humour et ses grandes œuvres furent tirés de l'inépuisable réservoir de son subconscient.

## *Comment le corps exprime les agissements de l'esprit*

L'interaction de votre esprit conscient et de votre esprit subconscient exige une interaction similaire entre le système nerveux correspondant. Le système cérébrospinal est l'organe de l'esprit conscient et le système sympathique celui du subconscient. Le système cérébrospinal est le canal à travers lequel vous recevez les perceptions conscientes au moyen de vos cinq sens physiques et par lequel vous exercez votre contrôle sur le mouvement de votre corps. Les nerfs de ce système émanent du cerveau, c'est le canal de votre action mentale consciente et volontaire.

Le système sympathique, que l'on désigne parfois comme le système nerveux involontaire, a son centre dans une masse ganglionnaire qui se trouve derrière l'estomac et qu'on appelle le plexus solaire et, parfois, le cerveau abdominal. C'est le canal de l'action mentale qui soutient inconsciemment les fonctions vitales du corps.

Les deux systèmes peuvent travailler séparément ou en synchronisation. Le juge Thomas Troward dans *Introduction à la vie de l'Esprit* (Edinburgh Lectures of Mental Sciences) dit : « Le nerf vague qui émane de la région cérébrale en tant que partie du système volontaire et par lequel nous avons le contrôle des organes de la voix, passe ensuite dans le thorax d'où il envoie des embranchements au cœur et aux poumons; enfin, passant à travers le diaphragme, il perd la gaine extérieure qui distingue les nerfs du système volontaire et s'identifie avec ceux du système sympathique, formant ainsi un lien entre les deux et faisant de l'homme une unique entité physique.

« De même, les différentes aires du cerveau indiquent leur rapport avec les activités objectives et subjectives de l'esprit respectivement et, d'une manière générale, nous pouvons assigner la partie frontale du cerveau à la première et la partie postérieure à la seconde, tandis que la partie intermédiaire participe des caractéristiques des deux ».

Une façon simple de considérer l'interaction du mental et du physique consiste à prendre conscience de ce que, lorsque votre esprit conscient se

pénètre d'une idée cela provoque une vibration correspondante dans votre système nerveux volontaire. A son tour celui-ci provoque un courant similaire dans votre système nerveux involontaire, courant qui fait passer l'idée à votre subconscient, qui est l'agent créateur. Voilà comment vos pensées deviennent des réalités.
Chaque pensée entretenue par votre esprit conscient et acceptée vraie est envoyée par votre cerveau à votre plexus solaire, le cerveau de votre esprit subconscient, pour y prendre corps et pour être amenée à manifestation dans votre univers.

## *Une intelligence qui prend soin du corps*

Lorsque vous étudiez le système cellulaire et la structure des organes tels que les yeux, les oreilles, le cœur, le foie, la vessie, etc., vous apprenez qu'ils consistent en des groupes de cellules qui forment une intelligence — groupe qui les fait fonctionner ensemble et qui leur permet de recevoir des ordres et de les exécuter en fonction déductive, selon la suggestion de l'esprit, maître et seigneur (l'esprit conscient).
Une étude attentive d'un organisme unicellulaire vous démontre ce qui se passe dans votre corps. Bien que cette cellule n'ait point d'organes, elle n'en témoigne pas moins d'une action et d'une réaction qui accomplissent les fonctions fondamentales du mouvement, de l'alimentation, de l'assimilation et de l'élimination.

## *Le subconscient tend vers la vie*

Beaucoup vous diront qu'il est une intelligence qui prendra soin de votre corps si vous n'intervenez pas. C'est exact, mais la difficulté réside dans le fait que l'esprit conscient intervient constamment avec ses cinq sens qui se fondent sur les apparences extérieures, ce qui provoque les fausses croyances, les craintes et les opinions mal fondées. Lorsque la crainte, les fausses croyances et les prototypes négatifs sont imprimés sur votre subconscient par un conditionnement psychologique, émotif, le subconscient ne peut que se conformer aux prototypes spécifiques qui lui sont proposés.

## *Le subconscient travaille continuellement pour le bien commun*

Votre moi objectif travaille sans cesse pour le bien général, reflétant un principe inné d'harmonie en toutes choses. Votre subconscient a sa propre volonté très réelle. Il est actif jour et nuit, que vous agissiez ou non sur lui. Il est le constructeur de votre corps, mais vous ne pouvez ni voir, ni entendre, ni sentir son action, c'est un processus silencieux. Votre subconscient a sa vie propre qui va toujours vers l'harmonie, la santé et la paix. Voilà la norme divine qui cherche à s'exprimer à travers vous à tous moments.

## *Comment l'homme contrarie le principe inné d'harmonie*

Pour penser correctement, scientifiquement, il faut que nous connaissions la « Vérité ». Connaître la vérité, c'est être en harmonie avec l'intelligence infinie et avec la puissance de votre subconscient, qui se meut toujours dans le sens de la vie.
Chaque pensée, chaque action inharmonieuse, que ce soit par ignorance ou par choix, va avoir pour résultat la discorde et les limitations de toutes sortes. Les savants nous disent que nous construisons un corps neuf tous les onze mois; vous n'êtes donc âgé que de onze mois du point de vue physique. Si vous construisez dans votre corps des défectuosités au moyen de pensées de crainte, de colère, de jalousie, de malveillance, vous ne pouvez vous en prendre qu'à vous-même.
Vous êtes la somme totale de vos pensées. Vous pouvez vous garder d'entretenir des pensées, des images négatives. Pour se débarrasser des ténèbres, il faut la lumière; pour chasser le froid il faut la chaleur; pour surmonter la pensée négative il faut lui substituer une pensée constructive. Affirmez le bien, le mal disparaîtra.

## *Pourquoi il est normal d'être sain, plein de vie et de force il est anormal d'être malade*

La plupart des enfants naissent en parfaite santé, leurs organes fonctionnent parfaitement. Cela, c'est l'état normal et nous devrions rester sains, vigoureux et forts. L'instinct de préservation est l'instinct le plus fort de votre nature et il constitue une vérité des plus puissantes, constante et constamment opérante. Il est, par conséquent, évident que toutes vos pensées, toutes vos idées, et toutes vos croyances doivent agir avec plus de force lorsqu'elles sont en harmonie avec le principe de vie inné en vous, qui toujous cherche à vous préserver et à vous protéger de toutes manières. Il s'ensuit que les conditions normales peuvent être rétablies avec plus de facilité et de certitude que ne peuvent être provoquées les conditions anormales.

Il est anormal d'être malade; cela indique simplement que vous allez à l'encontre du courant de la vie et que vous pensez négativement. La loi de la vie est une loi de croissance; toute la nature témoigne de l'opération de cette loi en s'exprimant constamment, silencieusement ainsi. Là où il y a croissance et expression, il doit y avoir la vie; là où il y a la vie, il doit y avoir l'harmonie, et là où il y a l'harmonie, il y a la santé parfaite.

Si votre pensée est en harmonie avec le principe créateur de votre subconscient, vous êtes à l'unisson du principe inné d'harmonie. Si vous entretenez des pensées qui ne sont pas d'accord avec le principe d'harmonie, ces pensées vous absorbent, vous tracassent, finalement vous rendent malade et, si vous persistez à les entretenir, elles peuvent provoquer votre mort.

Pour guérir la maladie, il faut que vous accroissiez l'influx et la distribution des forces vitales de votre subconscient à travers tout votre organisme. Cela se fait par l'élimination des pensées de crainte, de soucis, d'anxiété, de jalousie, de haine et de toutes autres pensées destructrices qui tendent à détruire vos nerfs et vos glandes — ces tissus qui contrôlent l'élimination des déchets hors de votre organisme.

## *Guérison de la maladie de Pott*

Dans la revue *Nautilus* de mars 1917, un article parut au sujet d'un jeune garçon atteint de la maladie de Pott — la tuberculose de la colonne vertébrale — et qui fut remarquablement guéri. Il s'appelait Frederick Elias Andrews, il habitait Indianapolis et il est à présent ministre [8] du Unity School of Christianity, Kansas City, Missouri. Son médecin l'avait déclaré incurable. Il se mit à prier et d'infirme, tout tordu et tout déformé qu'il était, se traînant sur les mains et sur les genoux, il devint un homme vigoureux, droit, bien découplé. Il formula sa propre affirmation, absorbant mentalement les qualités dont il avait besoin.

Bien des fois par jour, à maintes et maintes reprises, il répétait : « Je suis sain, parfait, vigoureux, puissant, aimant, harmonieux et heureux ». Il persévéra et il dit que cette prière était sa dernière parole du soir et sa première expression du matin. Il priait aussi pour les autres en leur envoyant des pensées d'amour et de santé. Cette attitude d'esprit et cette prière lui attirèrent des bénédictions multiples. Sa foi et sa persévérance lui appor-

[8] On appelle ainsi en pays anglo-saxon les pasteurs. N.T.

tèrent une abondante moisson. Lorsque des pensées de crainte, de colère, de jalousie ou d'envie attiraient son attention, il se mettait immédiatement à les contrer avec toutes les forces de son esprit. Son subconscient répondit conformément à la nature de son mode de penser habituel. Voilà quelle est la signification de cette déclaration de la Bible : *Va, ta foi t'a guéri.* Marc 10 : 52.

## *Comment la foi dans vos puissances subconscientes vous guérit*

Un jeune homme, qui suivait mes conférences sur la puissance curative de l'esprit subconscient, était atteint de troubles oculaires et son médecin lui avait dit qu'il fallait l'opérer. Il se dit : « Mon subconscient qui créa mes yeux peut me guérir ».

Chaque soir, au moment de s'endormir, il se mettait dans un état méditatif et somnolent. Son attention, immobilisée, se fixait sur l'ophtalmologiste. Il voyait ce médecin devant lui et imaginait qu'il l'entendait clairement lui dire : « Un miracle s'est produit ! ». Il entendait cela à maintes reprises pendant environ cinq minutes chaque soir avant de s'endormir. Au bout de trois semaines, il retourna chez son ophtalmologiste qui lui dit : « C'est un miracle ! ». Que s'était-il passé ? Cet homme avait impressionné son subconscient, se servant de son médecin comme d'un moyen pour le convaincre. Par la répétition, la foi et l'expectative il avait imprégné son esprit subconscient, son subconscient qui avait fait son œil, et cet œil contenait le prototype parfait; le subconscient se mit immédiatement à guérir l'œil. Ceci est un nouvel exemple de ce que la foi dans la puissance curative de votre subconscient vous guérit.

## *Points à revoir*

1. Votre subconscient est le constructeur de votre corps et il travaille vingt-quatre heures par jour. Par vos pensées négatives vous perturbez vos prototypes vitaux.

2. Chargez votre subconscient de la tâche d'élaborer une réponse à quelque problème que ce soit avant de vous endormir. Il vous répondra.

3. Surveillez vos pensées. Toute pensée acceptée comme vraie est envoyée par votre cerveau à votre plexus solaire — votre cerveau abdominal — et se manifeste dans votre univers.

4. Sachez que vous pouvez vous recréer en donnant à votre subconscient un nouveau prototype.

5. Votre esprit tend toujours vers la vie. Votre affaire est de diriger votre esprit conscient. Nourrissez-le de prémisses justes. Votre subconscient reproduit toujours vos prototypes mentaux habituels.

6. Vous construisez un corps nouveau tous les onze mois. Changez votre corps en changeant vos pensées et veillez à ce qu'elles persistent dans ce changement.

7. Il est normal d'être en bonne santé. Il est anormal d'être malade. Le principe d'harmonie vous est inné.

8. Les pensées de jalousie, de crainte, d'anxiété détruisent vos nerfs et vos glandes et entraînent des maladies mentales et physiques de toutes sortes.

9. Ce que vous affirmez consciemment et sentez être vrai va se manifester dans votre esprit, dans votre corps, dans vos affaires. Affirmez le bien et entrez dans la joie de vivre.

CHAPITRE VIII

# Comment obtenir les résultats que vous souhaitez

Les raisons principales de l'échec sont: le manque de confiance et l'effort exagéré. Beaucoup de personnes empêchent que les réponses à leurs prières leur parviennent parce qu'elles ne comprennent pas bien la façon dont leur subconscient opère. Quand vous savez comment votre esprit fonctionne, vous acquérez une confiance certaine. Il faut vous rappeler que lorsque votre subconscient accepte une idée, il se met immédiatement à l'exécuter. Il se sert de toutes ses puissantes ressources à cette fin et il mobilise toutes ses lois mentales et spirituelle. Sa loi agit, que vos idées soient bonnes ou mauvaises. En conséquence, si vous vous en servez négativement, il vous livre aux ennuis, aux échecs et au désarroi. Lorsque vous vous en servez constructivement, il vous donne les directives dont vous avez besoin, la liberté et la paix de l'esprit.

La bonne réponse vient inévitablement lorsque vos pensées sont positives, constructives et aimantes. Il s'ensuit de toute évidence que tout ce que vous avez à faire pour surmonter l'échec c'est de faire accepter votre idée, votre requête par votre subconscient, en en ressentant la réalité dans le présent; la loi de votre esprit fera le reste. Abandonnez-lui votre requête dans la foi et la confiance, votre subconscient va s'en emparer et vous répondra.

Vous n'obtiendrez jamais de résultats en essayant de vous servir de coercition mentale — votre subconscient ne répond pas à la coercition, il répond à votre foi, c'est-à-dire à votre acceptation consciente.

Il se peut aussi que vos échecs proviennent de déclarations comme celles-ci : « Je ne recevrai jamais de réponse », « Je ne vois pas d'issue », « C'est sans espoir », « Je ne sais que faire », « Je suis désemparé ». Lorsque vous parlez ainsi, vous n'obtenez point de réponse, point de coopération de votre subconscient. Vous n'avancez ni ne reculez, vous marquez le pas.

Si vous prenez un taxi et donnez au chauffeur une demi-douzaine d'adresses, il sera tout à fait ahuri et il finira probablement par refuser de vous conduire. Il en va de même lorsque vous travaillez avec votre subconscient.

Il faut qu'il y ait dans votre esprit une idée bien définie. Il faut que vous parveniez à une décision nette, à la conviction qu'une solution existe au problème de la maladie. Seule l'intelligence infinie qui habite votre subconscient connaît la réponse. Lorsque vous parvenez à cette conclusion bien définie dans votre esprit conscient, il vous est fait selon votre croyance.

## *Travaillez dans la détente*

Un client faisait des reproches à un fumiste parce qu'il lui avait demandé deux cents dollars pour réparer sa chaudière. Le fumiste lui dit : « Je vous ai demandé cinq cents pour la vis qui manquait et cent quatre-vingt-dix-neuf dollars et quatre-vingt-dix-neuf cents pour avoir su trouver d'où venait le mal ».

Votre subconscient est lui aussi un maître ouvrier, le plus sage de tous, qui connaît les moyens de guérir tous les organes de votre corps et d'assainir vos affaires. Décrétez la santé, votre subconsicent l'établira, mais la détente est la clé du succès. Travaillez donc dans la détente. Ne vous préoccupez point des détails et des moyens, ne voyez que le résultat final. Ayez le *sentiment* de la solution heureuse de votre problème, qu'il s'agisse de santé, de finances ou d'un emploi. Souvenez-vous de ce que vous avez ressenti lorsque vous êtes sorti d'une grave maladie. Rappelez-vous que votre sentiment est la pierre de touche de toute démonstration subconsciente. Il faut que votre idée nouvelle soit ressentie subjectivement par vous comme étant accomplie, non pas dans l'avenir, mais comme s'accomplissant dans le présent.

## *N'admettez pas d'adversaire, servez-vous de votre imagination et non de votre volonté*

En vous servant de votre esprit subconscient, n'admettez pas d'adversaire, ne vous servez pas de votre volonté. Imaginez la fin souhaitée, la libération désirée. Vous verrez que votre intellect s'efforcera d'intervenir; persistez à maintenir une foi simple, une foi d'enfant, la foi qui produit les miracles. Imaginez-vous débarrassé de la maladie ou du problème. Imaginez l'accompagnement émotionnel de l'état de libération auquel vous aspirez. Simplifiez le processus. Le moyen simple est le meilleur.

Les merveilles qu'obtient l'imagination disciplinée.

Un meilleur moyen d'obtenir une réponse de votre subconscient est celui de l'imagination disciplinée scientifiquement. Nous l'avons dit, votre subconscient est le constructeur de votre corps et il contrôle toutes ses fonctions vitales.

La Bible dit : *Tout ce que vous demanderez dans la prière, croyez que vous l'avez reçu, et vous le verrez s'accomplir.* Croire, c'est accepter comme vrai quelque chose, c'est vivre dans l'état d'être cela. En maintenant cet état d'esprit, vous éprouverez la joie de la prière exaucée !

## *Les trois pas vers le succès dans la prière*

Le processus habituel est le suivant :

1. Considérez le problème.
2. Acceptez la solution que seul le subconscient connaît.
3. Détendez-vous dans le sentiment, la conviction profonde de l'accomplissement.

N'affaiblissez pas votre prière en disant : « Je voudrais bien être guéri », « Je l'espère ». Votre sentiment, dans le travail qui est à faire, est « le patron ». L'harmonie vous appartient. Prenez conscience de ce que la santé est à vous. Devenez intelligent en devenant un véhicule de l'infinie puissance du subconscient. Parvenez au point de conviction en présentant l'idée de la santé à votre subconscient, puis détendez-vous. Débarrassez-vous de vous-même. Dites à la condition ou à la circonstance qui vous occupe : « Ceci aussi passera ». Par la détente vous impressionnez votre subconscient, permettant à l'énergie cinétique qui supporte votre idée de prendre le commandement et de l'amener à la réalisation concrète.

## *La loi de l'effet inversé : pourquoi vous obtenez parfois le contraire de ce que vous cherchiez*

Coué, le célèbre psychologue français qui vint faire un séjour en Amérique il y a environ quarante ans, définit la loi de l'effort inversé de la façon suivante : « Lorsqu'il y a conflit entre l'imagination et la volonté, c'est toujours l'imagination qui l'emporte ».

Si, par exemple, on vous demande de marcher sur une planche posée à terre, vous le ferez volontiers. Mais supposez que cette même planche soit placée en l'air, à quinze mètres, entre deux murs; la traverserez-vous ? Votre désir de traverser serait contré par votre imagination qui vous ferait craindre de tomber. Votre pensée dominante, qui serait celle de l'image de votre chute, l'emporterait. Votre désir, votre volonté, votre effort pour traverser cette planche seraient renversés et l'idée dominante d'échec renforcée.

L'effort mental se frustre invariablement lui-même, aboutissant toujours à l'opposé de ce qui est désiré. Les suggestions d'impuissance à surmonter l'état des choses dominent l'esprit; or le subconscient est toujours contrôlé par l'idée dominante. Votre subconscient va accepter les plus fortes des deux propositions contradictoires. Le travail fait sans effort est le meilleur. Si vous dites : « Je veux guérir mais je n'y parviens pas », « Je fais tant d'efforts », « Je me force à prier », « Je me sers de toute la puissance de volonté que je possède », il faut que vous compreniez que votre erreur est dans votre effort. N'essayez jamais de contraindre votre subconscient à accepter votre idée en exerçant votre volonté. Je vous le répète, de tels efforts sont voués à l'échec et vous obtiendrez le contraire de ce pourquoi vous priez.

Voici une expérience tout à fait commune. Les étudiants qui se présentent à un examen, relisant leurs cours, ont l'impression d'avoir tout à coup tout oublié de leurs connaissances. Leur esprit est affreusement vide, ils sont incapables de rassembler une idée. Plus ils serrent les dents et font appel aux forces de la volonté, plus les réponses qu'ils cherchent semblent les fuir. Mais, aussitôt qu'ils sortent de la salle d'examen, la tension mentale se relâchant, les réponses qu'ils cherchaient se pressent narquoisement dans leur esprit. En faisant effort pour s'en souvenir, ils ont été cause de leur échec. Voilà un exemple de la loi de l'effort inversé qui fait que l'on obtient le contraire de ce pour quoi l'on a prié ou de ce que l'on a demandé.

## *Il faut réconcilier le désir et l'imagination*

Se servir de force mentale, c'est préjuger d'une opposition. Lorsque votre esprit se concentre sur les moyens de surmonter ou de résoudre un problème, il ne s'occupe plus de l'obstacle. Math. 18 : 19 dit : « *Si deux d'entre vous s'accordent sur la terre pour demander quoi que ce soit, ils l'obtiendront de mon Père qui est aux cieux* ». Quels sont ces deux ? De quoi s'agit-il ? Il s'agit de l'harmonieuse union, de l'accord entre votre conscient et votre subconscient sur une idée, un désir, une image mentale. Lorsqu'il n'y aura plus de querelle dans l'une ou l'autre partie de votre esprit, votre prière sera exaucée. Les « deux » qui doivent s'accorder peuvent aussi être représentés par vous et votre désir, votre pensée et votre sentiment, votre idée et votre émotion, votre désir et votre imagination.

Vous éviterez tout conflit entre vos désirs et votre imagination en entrant dans un état d'engourdissement, de somnolence qui réduit au minimum tout effort. L'esprit conscient est submergé en grande partie dans l'état de somnolence. Le meilleur moment pour imprégner votre subconscient est celui où vous vous endormez. La raison en est que le plus haut degré d'activité du subconscient a lieu au moment du sommeil ou à l'instant où nous nous éveillons. En cet état, les pensées négatives et l'imagerie qui tend à neutraliser votre désir et à prévenir ainsi son acceptation par votre subconscient ne se présentent plus. Lorsque vous imaginez la réalité du désir accompli et que vous en ressentez la joie, votre subconscient vous donne la réalisation de votre désir.

Un grand nombre de personnes résolvent leurs dilemmes et leurs problèmes au moyen du jeu de leur imagination contrôlée, dirigée et disciplinée, sachant que ce qu'elles imaginent et ressentent comme vrai *doit* se manifester et *se manifestera.*

Ce qui suit illustre clairement comment une jeune fille surmonta le conflit entre son désir et son imagination. Elle désirait une solution harmonieuse à un procès en cours et cependant son imagerie mentale évoquait constamment l'échec, la perte, la faillite et la pauvreté. Le procès était compliqué, il se produisait constamment des délais et aucune solution n'était en vue.

Suivant mes conseils, elle se mit, chaque soir, avant de s'endormir, dans un état de détente somnolente et commença à imaginer l'heureuse fin de son affaire, la ressentant de son mieux. Elle avait compris qu'il fallait que l'image, dans son esprit, s'accordât avec le désir dans son cœur. Avant de s'endormir donc, elle se mettait à dramatiser avec autant de netteté que possible une discussion animée avec son avocat. Elle lui posait des questions et il lui répondait pertinemment. A maintes et maintes reprises elle l'entendait lui dire : « Une solution parfaite, harmonieuse est intervenue. L'affaire a été réglée à l'amiable ». Pendant la journée, lorsque des pensées de craintes lui venaient à l'esprit, elle faisait passer son cinéma mental avec les gestes et le son de la voix de l'avocat, son sourire, son attitude. Elle fit passer si souvent cette image mentale que celle-ci devint un prototype subjectif, un véritable rail. Au bout de quelques semaines son avocat confirma objectivement ce qu'elle avait imaginé et senti comme vrai subjectivement.

Voilà ce que voulait dire le Psalmiste lorsqu'il écrivit : *Que les paroles de ma bouche* (vos pensées, vos images mentales) *et la méditation de mon cœur* (votre sentiment, votre nature émotionnelle) *soient acceptables à ta vue, ô Seigneur* (la loi de votre subconscient), *ma force et mon sauveur* (la puissance et la sagesse de votre subconscient peuvent vous sauver, vous racheter de la maladie, de l'esclavage et de la misère) Psaume 19 : 14.

*Idées à méditer :*

1. La coercition mentale, l'effort exagéré démontrent l'anxiété et la crainte.

2. Lorsque votre esprit est détendu et que vous acceptez une idée, votre subconscient se met à l'œuvre pour l'exécuter.

3. Pensez et faites vos projets indépendamment des méthodes traditionnelles. Sachez qu'il y a toujours une réponse et une solution à tout problème.

4. Ne vous préoccupez pas exagérément des battements de votre cœur, de la respiration de vos poumons ni d'aucune fonction ni d'aucune partie de votre anatomie.

5. Le sentiment de la santé produit la santé, le sentiment de la richesse produit la richesse. Comment vous sentez-vous ?

6. L'imagination est votre faculté la plus puissante. Imaginez ce qui est bon et digne de louange. Vous êtes ce que vous imaginez que vous êtes.

7. Vous évitez le conflit entre votre conscient et votre subconscient dans l'état somnolent. Imaginez l'accomplissement de votre désir à maintes et maintes reprises avant de vous endormir. Dormez en paix et éveillez-vous dans la joie.

CHAPITRE IX

# Comment vous servir de la puissance de votre subconscient pour obtenir la richesse

Si vous éprouvez des difficultés pécuniaires, si vous avez de la peine à « joindre les deux bouts », cela signifie que vous n'avez pas convaincu votre subconscient de ce que vous aurez toujours tout ce qu'il vous faut et davantage. Vous connaissez des hommes et des femmes qui ne peinent que quelques heures par semaine et qui, pourtant, gagnent de fabuleuses sommes d'argent. Ne croyez pas le conte qui veut que le seul moyen que vous avez pour devenir riche est le dur labeur à la sueur de votre front. Cela n'est pas; le meilleur moyen est celui qui consiste à travailler sans effort. Faites ce que vous aimez faire et faites-le pour la joie, pour l'enthousiasme que cela vous procure.

Je connais un administrateur de Los Angeles qui reçoit un salaire de 75 000 dollars par an. L'année dernière il fit une croisière de neuf mois qui lui fit parcourir le monde afin d'admirer ses beautés. Il me dit qu'il avait réussi à convaincre son subconscient qu'il valait cette somme. Il me dit aussi que beaucoup d'hommes dans sa firme recevaient cent dollars par semaine : pourtant ils connaissaient cette société mieux que lui et ils auraient pu la diriger mieux que lui s'ils n'avaient pas manqué d'ambition, d'idées créatrices et s'ils s'étaient intéressés aux merveilles de leur subconscient.

## *La richesse est dans votre subconscient*

La richesse est simplement une conviction subconsciente de la part de l'individu. Vous ne deviendrez pas millionnaire en disant : « Je suis un millionnaire, je suis un millionnaire ». Vous atteindrez à une conscience de richesse en construisant dans votre mentalité l'idée de la richesse et de l'abondance.

## *Vos moyens invisibles*

Le malheur de la plupart des gens est qu'ils n'ont point de moyens invisibles. Lorsque les affaires baissent, lorsque la bourse faiblit ou lorsqu'ils perdent leurs placements, ils semblent sans recours. La raison d'une telle insécurité est qu'ils ne savent comment se servir de leur subconscient. Ils ne connaissent point les trésors inépuisables.

L'homme qui a une conscience de pauvreté se retrouve toujours dans des conditions de pénurie. Un autre dont l'esprit est rempli d'idées de richesse est entouré de tout ce dont il a besoin. L'homme n'a point été créé pour vivre dans l'indigence. Vous pouvez posséder la richesse, tout ce dont vous avez besoin et un large surplus. Vos paroles contiennent le pouvoir de nettoyer votre esprit des idées fausses et de lui inculquer les idées justes.

## *La méthode idéale pour construire une conscience de la richesse*

En lisant ce chapitre vous vous dites peut-être : « J'ai besoin de richesse et de succès ». Voici ce qu'il vous faut faire : répétez pendant environ cinq minutes trois ou quatre fois par jour « Richesse — Succès ». Ces paroles ont une puissance énorme. Elles représentent celle de votre subconscient. Centrez votre esprit sur cette puissance substantielle qui est en vous; les conditions et les circonstances correspondant à leur nature et à leur qualité se manifesteront dans votre vie. Vous ne dites pas : « Je suis riche », vous méditez sur les pouvoirs réels qui sont en vous. Il n'y a point de conflit dans votre esprit lorsque vous dites : « Richesse ». De plus, le sentiment de la richesse surgira en vous tandis que vous demeurerez sur cette idée.

Le sentiment de la richesse produit la richesse, ayez constamment cela à l'esprit. Votre esprit est pareil à une banque, une sorte d'institution financière universelle. Il accroît tout ce que vous y déposez, tout ce dont vous l'impressionnez, que ce soit une idée de richesse ou de pauvreté. A vous de choisir la richesse.

## *Pourquoi vos affirmations de richesse échouent*

En trente-cinq ans je me suis entretenu avec de nombreuses personnes dont la plainte habituelle est celle-ci : « Depuis des semaines et des mois j'ai dit :

« Je suis riche, je suis prospère » et rien ne s'est produit ». J'ai découvert que tout en parlant ainsi, ces personnes n'en gardaient pas moins le sentiment de se mentir à elles-mêmes.

Un homme me dit : « J'ai affirmé jusqu'à en être las que je suis prospère. Les choses se sont aggravées. En faisant cette déclaration, je savais que de toute évidence cela n'était pas vrai ». Ces déclarations étaient rejetées par son esprit conscient et c'était précisément le contraire de ce qu'il affirmait qui se manifestait.

Votre affirmation réussit le mieux lorsqu'elle est spécifique et de nature à ne pas produire de conflit mental; les déclarations de l'homme dont nous parlons aggravèrent son état parce qu'elles suggéraient sa pauvreté. Votre subconscient n'accepte que ce que vous sentez vraiment comme vrai et non point les paroles et les déclarations vagues. L'idée, la croyance dominante est toujours acceptée par le subconscient.

## *Comment éviter le conflit mental*

Voici le moyen idéal de surmonter ce conflit pour ceux qui éprouvent cette difficulté. Faites fréquemment et particulièrement avant de vous endormir cette déclaration pratique : « De jour et de nuit tous mes intérêts prospèrent ». Cette affirmation ne provoque aucune discussion parce qu'elle ne contredit point l'impression de manque que vous avez logée dans votre subconscient.

Je suggérai à un homme d'affaires dont les finances étaient en fort mauvais état et qui était extrêmement soucieux, de se détendre et de répéter à maintes et maintes reprises la déclaration suivante : « Mes ventes augmentent tous les jours ». Cette déclaration engageait la coopération du conscient et du subconscient, les résultats suivirent.

## *Ne signez pas de chèques en blanc*

Vous signez des chèques en blanc lorsque vous faites des déclarations telles que : « Nous manquons de tout », « Je vais perdre ma maison à cause de l'hypothèque » etc. Si vous êtes plein de craintes pour l'avenir, vous signez encore un chèque en blanc et vous vous attirez des conditions négatives. Votre subconscient prend votre peur et votre déclaration négative comme étant votre requête et il va se mettre, à sa façon, à amonceler les obstacles, les délais, la pénurie et la limitation dans votre vie.

## *Votre subconscient vous donne un intérêt composé*

A celui qui a le sentiment de la richesse, encore plus de richesse sera donnée; celui qui a le sentiment de pénurie verra s'accroître sa pauvreté. Votre subconscient multiplie et magnifie tout ce que vous déposez en lui. Chaque matin en vous éveillant déposez dans votre subconscient des pensées de prospérité, de succès, de richesse et de paix. Demeurez sur ces concepts. Occupez-en votre esprit le plus souvent possible. Ces pensées constructives se déposeront dans votre subconscient et vous apporteront abondance et prospérité.

## *Pourquoi il ne se produisit rien*

Je vous entends dire : « Oh ! mais cela je l'ai fait et il ne s'est rien produit ». Vous n'avez point obtenu de résultats parce que, dix minutes plus tard peut-être, vous vous êtes laissé aller à des pensées de craintes, neutralisant ainsi le bien que vous aviez affirmé. Lorsque vous plantez une graine, vous ne la déterrez pas. Vous la laissez prendre racine et croître.

Supposons, par exemple, que vous disiez : « Je ne pourrai pas faire ce paiement ». Avant d'aller plus avant « Je ne... » arrêtez la phrase et restez sur une déclaration constructive, telle que : « De jour et de nuit, tous mes intérêts prospèrent ».

## *La véritable source de la richesse*

Votre subconscient n'est jamais à court d'idées. Il en contient un nombre infini prêtes à apparaître dans votre esprit conscient et dans votre portefeuille d'innombrables façons. Ce processus continuera dans votre esprit, que la bourse soit en hausse ou en baisse, que la livre sterling ou le dollar perdent de leur valeur. Votre richesse ne dépend jamais vraiment de vos actions, de vos coupons ou de l'argent que vous avez en banque; ce ne sont là que des symboles nécessaires et utiles, bien entendu, mais seulement des symboles.

Ce sur quoi je veux insister c'est que si vous parvenez à convaincre votre subconscient de ce que vous possédez la richesse et qu'elle circule toujours dans votre vie, vous en aurez toujours et inévitablement, quelle que soit la forme qu'elle empruntera.

## *Essayez de joindre les deux bouts*

Il y a ceux qui disent qu'ils cherchent sans cesse à joindre les deux bouts. Ils semblent avoir le plus grand mal à s'acquitter de leurs obligations. Avez-vous écouté leur conversation ? Ils condamnent constamment ceux qui ont réussi, qui se sont élevés au-dessus de la masse. Ils disent, par exemple : « Oh ! Celui-là est un bandit, il est impitoyable, c'est un voleur ». Voilà pourquoi ils sont pauvres; ils condamnent ce qu'ils désirent, ce dont ils ont besoin. La raison pour laquelle ils critiquent leurs amis prospères, c'est qu'ils sont envieux de la prospérité d'autrui. Le moyen le plus rapide pour faire envoler la richesse, c'est de critiquer et de condamner ceux qui en ont plus que vous.

## *Pierre d'achoppement commune à la richesse*

Il est un sentiment qui est cause du manque de richesse dans la vie de beaucoup de personnes. La plupart l'apprennent à leurs dépens. Ce sentiment c'est l'envie. Par exemple, si vous voyez un concurrent déposer de larges sommes d'argent à la banque, alors que vous n'avez à y mettre que quelques billets, en éprouvez-vous de l'envie ? Pour surmonter ce sentiment pernicieux, dites-vous : « Comme cela est merveilleux ! Je me réjouis de la prospérité de cet homme. Je lui souhaite toujours plus de richesse ».
Entretenir des pensées d'envie est chose dévastatrice parce que cela vous met dans une position très négative, de sorte que l'abondance *vous fuit* au lieu de venir *vers vous*. Si vous vous sentez contrarié ou irrité par la prospérité, par la grande fortune d'un autre, affirmez immédiatement que vous désirez sincèrement pour lui plus d'abondance de toute sorte. Ceci neutralisera les pensées négatives dans votre esprit et fera en sorte qu'une plus grande richesse vienne à vous en vertu de la loi de votre esprit subconscient.

## *Pour effacer un grand blocage mental qui obstrue la richesse*

Si vous vous préoccupez de quelqu'un dont vous pensez qu'il gagne malhonnêtement de l'argent, si vous le critiquez, cessez de vous en inquiéter. Vous savez que cette personne se sert négativement de la loi de l'esprit; cette loi se chargera de la corriger. Ayez soin de ne pas la critiquer pour les raisons que nous avons données. Souvenez-vous que le blocage, l'obstacle à la richesse est dans votre propre esprit. Vous êtes à même maintenant de détruire ce blocage mental. Vous pouvez le faire en vous mettant mentalement en bons termes avec chacun.

## *Dormez et enrichissez-vous*

En vous endormant le soir, pratiquez la technique suivante : Répétez le mot « Richesse » tranquillement, paisiblement et en le sentant bien. Répétez-le à maintes et maintes reprises, comme une berceuse. Endormez-vous avec ce seul mot « Richesse ». Vous serez stupéfait du résultat. La richesse vous viendra en avalanches d'abondance. C'est un nouvel exemple de la puissance de votre subconscient.

## *Servez-vous des puissances de votre esprit*

1. Décidez d'être riche avec facilité, avec l'aide infaillible de votre subconscient.

2. Vous efforcer d'accumuler la richesse à la sueur de votre front et par les travaux forcés est le bon moyen pour devenir l'homme le plus riche du cimetière. Vous n'avez pas à lutter ni à trimer.

3. La richesse est une conviction subconsciente. Imprimez l'idée de la richesse dans votre mentalité.

4. Le malheur de la plupart des gens c'est qu'ils n'ont point de moyens invisibles.

5. Répétez le mot « Richesse » lentement et tranquillement pendant environ cinq minutes avant de vous endormir, votre subconscient produira la la richesse dans votre vie.

6. Le sentiment de la richesse produit la richesse. Ayez toujours cela à l'esprit.

7. Il faut que votre conscient et votre subconscient s'accordent. Votre subconscient accepte ce que vous sentez vraiment comme vrai. L'idée dominante est toujours acceptée par votre subconscient. Il faut que l'idée dominante soit celle de la *richesse* et non de la *pauvreté*.

8. Vous pouvez surmonter tout conflit mental au sujet de la richesse en affirmant fréquemment : « De jour et de nuit tous mes intérêts prospèrent ».

9. Accroissez vos ventes en répétant à maintes reprises cette déclaration : « Mes ventes augmentant chaque jour, j'avance, je progresse et je deviens plus riche chaque jour ».

10. Cessez de signer des chèques en blanc tels que : « Nous manquerons de tout » etc. De telles déclarations ne font qu'aggraver et multiplier vos pertes.

11. Déposez des pensées de prospérité, de richesse et de succès dans votre subconscient, il vous donnera des intérêts composés.

12. Ce que vous affirmerez consciemment, il ne faut pas que vous le niiez quelques instants plus tard. Ceci neutraliserait le bien que vous avez affirmé.

13. La véritable source de votre richesse se trouve dans les idées de votre esprit. Vous pouvez avoir une idée qui vaut des millions de dollars. Votre subconscient vous donnera l'idée que vous cherchez.

14. L'envie et la jalousie sont des pierres d'achoppement. Réjouissez-vous de la prospérité d'autrui.

15. L'obstacle à la richesse est dans votre propre esprit. Détruisez cet obstacle à présent en vous mettant en bons termes avec chacun.

CHAPITRE X

# Votre droit à la richesse

C'est votre droit d'être riche. Vous êtes ici pour mener une vie abondante, être heureux, radieux et libre. Par conséquent, vous devriez avoir tout l'argent dont vous avez besoin pour une vie pleine, heureuse et prospère.

Vous êtes ici pour croître, vous étendre et vous épanouir spirituellement, mentalement et matériellement. Vous avez l'imprescriptible droit de vous développer pleinement et de vous exprimer de toutes façons. Vous devriez vous entourer de beauté et de luxe.

Pourquoi vous satisfaire de joindre les deux bouts alors que vous pourriez jouir des richesses de votre subconscient ? Dans ce chapitre vous allez apprendre à vous familiariser avec l'argent et vous devriez toujours avoir un surplus. Votre désir d'être riche est un désir de vie plus large, plus heureuse, plus merveilleuse. C'est une impulsion cosmique. Non seulement elle est bonne, mais elle est très bonne.

## *L'argent est un symbole*

L'argent est un symbole d'échange. Il représente pour vous non seulement la sécurité, mais la beauté, le luxe, l'abondance et le raffinement. L'argent n'est que le symbole économique de la nation. Lorsque votre sang circule librement à travers votre corps, vous êtes en bonne santé. Lorsque l'argent circule librement dans votre vie, vous êtes économiquement sain. Quand les gens se mettent à thésauriser, à mettre l'argent dans des bas de laine ou dans des boîtes en fer blanc, lorsqu'ils sont remplis de crainte, il y a malaise économique. L'argent a emprunté bien des formes d'échange au cours des siècles, telles que le sel, les perles et autres objets variés. Dans les premiers temps, la fortune d'un homme était évaluée en nombre de têtes de bétail. A présent nous nous servons de monnaie et d'autres valeurs négociables, car il est beaucoup plus facile d'émettre un chèque que de transporter des moutons pour payer nos factures.

## *Comment marcher dans la voie royale des richesses*

La connaissance des pouvoirs de votre subconscient est le moyen de marcher dans la voie des richesses de toutes sortes — spirituelles, mentales et pécuniaires. Celui qui étudie les lois de l'esprit croit et sait définitivement que, quelles que soient les situations économiques, les fluctuations de la bourse, les dépressions, les grèves, les guerres ou autres conditions ou circonstances, il aura toujours une ample abondance, quelque forme que prenne l'argent. La raison en est qu'il a saturé son subconscient de l'idée de richesse et celui-ci le pourvoit où qu'il soit. Il s'est convaincu que l'argent coule librement à jamais dans sa vie et qu'il a toujours un merveilleux surplus. Se produirait-il demain une déroute financière dans laquelle tous les avoirs de notre homme deviendraient sans valeur, comme ce fut le cas pour le mark allemand après la première guerre mondiale, il n'en continuerait pas moins à attirer la richesse et il aurait tout ce qu'il lui faudrait, quelque forme que prendrait la nouvelle monnaie.

## *Pourquoi vous manquez d'argent*

En lisant ce chapitre, vous vous dites probablement : « Je mérite un salaire plus élevé que celui que je reçois ». Pour moi, je pense que la plupart des gens ne sont point convenablement rétribués. Une des causes pour lesquelles tant de personnes n'ont pas plus d'argent est que, silencieusement ou ouvertement, elles le condamnent. Elles disent que l'argent est malpropre, que « l'amour de l'argent est la base de tous les maux ». Une autre raison de leur impécuniosité est qu'elles ont un sentiment sournois de la vertu de la pauvreté. Ce prototype subconscient peut être dû à l'éducation, à la superstition, ou encore à une fausse interprétation des Ecritures.

## *L'argent et la vie équilibrée*

Un jour un homme me dit : « Je suis fauché ». « Je n'aime pas l'argent. C'est la base de tous les maux ». Ces déclarations témoignent d'un esprit névrosé et désemparé. Certes, l'amour de l'argent à l'exclusion de toute autre chose vous déséquilibrerait. Vous êtes ici pour vous servir de votre puissance et de votre autorité avec sagesse. Certains hommes ont soif de puissance, d'autres d'argent. Si vous fixez votre désir uniquement sur l'argent, disant : « L'argent, c'est tout ce que je veux, je vais m'intéresser uniquement à amasser de l'argent, rien d'autre ne compte », vous obtiendrez de l'argent, vous ferez fortune, mais vous aurez oublié que vous êtes ici pour vivre une vie équilibrée. Il vous faut aussi satisfaire votre faim de la paix de l'esprit, votre faim d'harmonie, d'amour, de joie et de santé parfaite.

En faisant de l'argent votre unique but vous avez tout simplement fait un mauvais choix. Vous avez cru que l'argent était tout ce à quoi vous aspiriez, mais après tous vos efforts pour en acquérir, vous avez compris que ce n'est pas seulement d'argent dont vous avez besoin. Vous désirez également la véritable expression de vos talents cachés, votre véritable place dans la vie, vous désirez la beauté, et aussi la joie de contribuer au bien-être et au succès des autres. En apprenant à connaître les lois de votre subconscient, vous pourrez acquérir un million de dollars, plusieurs millions même, si vous le voulez, et n'en posséder pas moins la paix de l'esprit, l'harmonie, la santé parfaite et l'expression parfaite de vous-même.

## *La pauvreté est une maladie mentale*

Il n'y a nulle vertu dans la pauvreté, c'est une maladie comme toutes les autres maladies mentales. Si vous étiez malade physiquement, vous penseriez que votre corps est déréglé et vous chercheriez de l'aide et agiriez de manière à changer immédiatement cet état. De même, si l'argent ne circule pas constamment dans votre vie, c'est que quelque chose en vous est radicalement faussé.

L'impulsion du principe de vie qui vous anime tend vers la croissance, l'expansion et la vie toujours plus abondante. Vous n'êtes point sur terre pour vivre dans un taudis, vêtu de haillons et famélique. Vous devez être heureux, prospère, vivant dans le succès.

## *Pourquoi vous ne devez jamais critiquer l'argent*

Purifiez votre esprit de toutes les croyances superstitieuses au sujet de l'argent. Le considérez-vous comme une chose mauvaise, malpropre ? Si tel est le cas, vous lui donnez des ailes pour s'éloigner de vous. Souvenez-vous que ce que vous condamnez, vous le perdrez. Vous ne pouvez attirer ce que vous critiquez.

## *Adoptez une attitude mentale convenable envers l'argent*

Voici une technique simple dont vous pouvez vous servir pour multiplier l'argent. Servez-vous plusieurs fois par jour des déclarations suivantes : « J'aime l'argent et je m'en sers sagement, constructivement et judicieusement. L'argent circule constamment dans ma vie, je m'en sers avec joie et il me revient multiplié de merveilleuse façon. L'argent est bon, très bon. Il vient à moi en avalanches d'abondance. Je ne m'en sers que pour le bien et je suis reconnaissant pour mon bien et pour les richesses de mon esprit ».

## *Comment le penseur scientifique considère l'argent*

Supposons que vous trouviez de l'or, de l'argent, du plomb, du cuivre ou du fer dans le sol ? Diriez-vous que ces minéraux sont de mauvaises choses ? Tout mal provient de la conscience enténébrée de l'homme, de son ignorance, de sa fausse interprétation de la vie et du mauvais usage qu'il fait de son subconscient. L'uranium, le plomb et les autres métaux auraient pu servir de moyens d'échange. Nous nous servons de billets de papier, de chèques, de nickel, d'argent; assurément ces matières ne sont point mauvaises. Les physiciens et les chimistes savent aujourd'hui que la seule différence entre deux métaux est le nombre et le degré de vitesse des électrons qui tournent autour d'un noyau central. Au moyen d'un bombardement des atomes dans le puissant cyclotron, ils peuvent transformer un métal en un autre. Dans certaines conditions l'or devient mercure. Je suis persuadé que dans un proche avenir, nos savants seront à même de faire de l'or, de l'argent et d'autres métaux, synthétiquement dans les laboratoires de chimie. Il se peut que le prix en soit à présent prohibitif, mais cela se peut. Or, je ne puis imaginer aucune personne intelligente voyant du mal dans les électrons, les neutrons, les protons et les isotopes.

Le billet de papier dans votre poche est composé d'atomes et de molécules dont les électrons et les protons sont autrement ordonnés que ceux de la monnaie. Leur nombre et leur degré de vitesse sont la seule différence qui existe entre le papier et l'argent qui se trouvent dans votre gousset.

## *Comment attirer l'argent dont vous avez besoin*

Il y a bien des années, je rencontrai en Australie un jeune garçon qui voulait devenir chirurgien, mais il n'avait pas d'argent. Je lui expliquai comment une graine plantée dans le sol s'attire tout ce qui est nécessaire à son épanouissement et je lui dis que tout ce qu'il avait à faire, c'était de s'inspirer de cette leçon et déposer l'idée nécessaire dans son subconscient. Ce jeune et brillant garçon, pour vivre, faisait le ménage de cabinets médicaux, lavait les fenêtres et faisait toutes sortes de bricolages. Il me dit que, chaque soir, avant de s'endormir, il imaginait qu'il voyait accroché au mur un diplôme de médecin sur lequel son nom était inscrit en grandes lettres. En faisant le ménage des médecins, il nettoyait les verres qui recouvraient leurs diplômes accrochés aux murs [9]. Il lui fut donc aisé de graver dans son esprit l'image d'un diplôme portant son nom. Il persista pendant environ quatre mois et le résultat qu'il obtint est des plus intéressants. Un des médecins chez lequel il travaillait se prit d'amitié pour lui et et il lui apprit à stériliser ses instruments, à faire des piqûres et à donner de menus soins d'urgence; enfin, il en fit son assistant. Par la suite, ce médecin envoya son protégé à la Faculté de médecine, à ses frais. Aujourd'hui ce jeune homme est devenu un des médecins les plus éminents de Montréal au Canada. Il avait découvert la loi d'attraction en se servant convenablement de son subconscient et mit à l'œuvre l'antique loi selon laquelle « Ayant vu la fin, vous avez voulu les moyens pour la réalisation de cette fin ». La *fin,* dans ce cas, fut de devenir un docteur en médecine.

Ce jeune homme parvint à imaginer, à voir et à sentir la réalité d'être médecin. Il vécut avec cette idée, la soutint, la nourrit et l'aima jusqu'à ce que, à travers son imagination, elle pénètre dans les profondeurs de son subconscient et devienne une conviction, lui attirant ainsi tout ce qui était nécessaire à l'accomplissement de son rêve.

## *Pourquoi certains n'obtiennent pas l'augmentation qu'ils souhaitent*

Si vous travaillez pour une grande organisation et si, silencieusement, vous pensez avec dépit au fait que vous êtes mal payé, que vous n'êtes pas apprécié à votre juste valeur, que vous méritez plus d'argent et de considération, vous êtes en train de mettre à l'œuvre une loi en vertu de laquelle le directeur ou le chef du personnel va vous dire : « Nous sommes obligés de nous séparer de vous ». En fait, c'est vous qui vous renvoyez. Le directeur ne sera qu'un instrument à travers lequel votre propre état mental négatif sera confirmé. C'est un exemple de la loi d'action-réaction. L'action, c'est votre pensée, la réaction, la réponse de votre subconscient.

[9] Usage en Amérique. N.T.

## *Obstacles et difficultés sur le chemin de la richesse*

Je suis sûr que vous avez entendu des gens dire : « Cet homme-là est un bandit, il gagne malhonnêtement son argent ». « C'est un faiseur, je l'ai connu quand il n'avait rien ». « C'est un voleur, un malfaiteur ».
Si vous analysez celui qui parle ainsi, vous découvrez qu'il est habituellement dans le besoin ou bien souffrant de maladie ou de difficultés pécuniaires. Peut-être ses condisciples l'ont-il dépassé sur l'échelle qui mène au succès; il est amer et envieux de leur progrès. C'est, de multiples façons, la cause de sa défaite. En pensant négativement à ses amis et en condamnant leur richesse, il fait fuir la richesse et la prospérité pour laquelle il prie. Il condamne ce à quoi il aspire.
En fait, il prie de deux façons. D'une part, il dit : « La richesse vient à moi maintenant », l'instant qui suit, silencieusement ou audiblement il déclare : « J'en veux à cet homme de son abondance ». Faites toujours en sorte de vous réjouir de la richesse d'autrui.

## *Protégez vos placements*

Si vous recherchez la sagesse en matière de placements financiers ou si vous vous inquiétez au sujet de vos actions ou de vos valeurs, déclarez calmement : « L'Intelligence infinie gouverne et protège toutes mes transactions financières; tout ce que j'entreprends prospère ». Répétez cela fréquemment et vous verrez que vos placements seront éclairés, de plus, vous serez protégé contre les pertes, vous saurez intuitivement le moment propice à la vente de vos valeurs.

## *Vous ne pouvez recevoir quelque chose pour rien*

Dans les grands magasins, la direction emploie des détectives pour empêcher les gens de voler. On prend tous les jours un certain nombre de voleurs « à la tire » qui essaient d'obtenir quelque chose pour rien. Tous ces gens vivent dans une atmosphère mentale de pénurie et de limitation et ils se dérobent à eux-mêmes la paix, l'harmonie, la foi, l'honnêteté, l'intégrité, la bonne volonté et la confiance. De plus ils s'attirent toutes sortes de pertes telles que celle de la réputation, du prestige social et de la paix de l'esprit. Ces personnes manquent de foi dans la source de leur abondance et dans la connaissance de la façon dont leur esprit travaille. Si elles faisaient appel aux puissances de leur subconscient et déclaraient qu'elles sont guidées vers leur juste expression d'elles-mêmes, elle trouveraient le travail et l'abondance constante. Puis, par l'honnêteté, l'intégrité et la persévérance, elles deviendraient, pour elles-mêmes et pour la société, un bienfait.

## *Votre provision d'argent constante*

Le chemin vers l'opulence, la liberté et la constante provision d'argent, c'est la reconnaissance des pouvoirs de votre subconscient et du pouvoir créateur de votre pensée, de votre image mentale. Il faut que votre esprit conscient accepte la vie abondante. Votre acceptation mentale et votre expectative de la richesse aura ses propres mathématiques, ses propres moyens d'expression. En adoptant un état d'esprit d'opulence, toutes les choses nécessaires à une vie abondante se manifesteront.
Inscrivez dans votre cœur ce qui suit et affirmez-le tous les jours : « Je suis uni aux richesses infinies de mon subconscient. J'ai le droit d'être riche, heureux et prospère. L'argent vient à moi librement, abondamment, et indéfiniment. Je suis à jamais conscient de ma vraie valeur. Je donne libéralement de mes talents et je suis merveilleusement béni pécuniairement. C'est merveilleux ! ».

## *Accélérez votre accession à la richesse*

1. Soyez assez hardi pour revendiquer votre droit à la richesse, votre esprit profond honorera votre requête.

2. Vous ne voulez pas avoir juste de quoi vivre. Vous voulez tout l'argent dont vous avez besoin pour faire tout ce que vous souhaitez faire et quand vous le voulez. Apprenez à connaître les richesses de votre subconscient.

3. Lorsque l'argent circule librement dans votre vie, vous êtes en bonne santé économique. Considérez l'argent comme le flux et le reflux de la marée; ils sont constants. Lorsque la marée se retire, vous êtes absolument certain qu'elle remontera.

4. Connaissant les lois de votre subconscient, vous serez toujours pourvu, quelque forme que prenne l'argent.

5. Une des raisons pour lesquelles beaucoup de personnes ne parviennent qu'à « joindre les deux bouts » et n'ont jamais assez d'argent, c'est qu'elles le condamnent. Ce que vous condamnez vous fuit.

6. Ne faites point de l'argent un dieu. Ce n'est qu'un symbole. Souvenez-vous que les vraies richesses sont dans votre esprit. Vous êtes ici pour mener une vie équilibrée — cela comprend l'acquisition de tout l'argent dont vous avez besoin.

7. Ne faites pas de l'argent votre seul but. Revendiquez la richesse, le bonheur, la paix, la véritable expression de vous-même et l'amour et irradiez l'amour et la bonne volonté envers tous. Votre subconscient vous donnera des intérêts composés dans tous ces domaines.

8. Il n'y a point de vertu dans la pauvreté. La pauvreté est une maladie de l'esprit, il faut que vous vous guérissiez de ce conflit mental, de cette maladie, immédiatement.

9. Vous n'êtes pas ici pour vivre dans une masure, ni pour être misérablement vêtu ou pour avoir faim.

10. Ne dites jamais « l'argent est malpropre » ou « je le méprise ». Ce que vous critiquez, vous le perdez. Rien n'est bon ni mauvais; c'est ce que vous en pensez qui le rend tel.

11. Répétez fréquemment : « J'aime l'argent. Je m'en sers avec sagesse, constructivement et judicieusement. Je le donne avec joie et il me revient multiplié mille fois ».

12. L'argent n'est pas plus mauvais que ne le sont le cuivre, le plomb, le fer blanc ou le fer qui se trouvent dans le sol. Tout le mal est dû à l'ignorance et au mauvais emploi des puissances de l'esprit.

13. Imaginer le résultat souhaité provoque la réponse de votre subconscient et l'accomplissement de votre image mentale.

14. Cessez de vous efforcer de recevoir quelque chose pour rien. Rien n'est gratuit. Pour recevoir, il faut donner. Il vous faut donner votre attention mentale à vos buts, à vos idéaux et à vos entreprises; votre esprit profond vous répondra. La clé de la richesse se trouve dans l'application des lois du subconscient par son imprégnation de l'idée de richesse.

CHAPITRE XI

# Votre subconscient est l'associé de votre succès

Le succès c'est réussir sa vie, c'est connaître une longue période de paix, de joie et de bonheur sur ce plan. L'expérience éternelle de ces qualités, c'est la vie éternelle dont parla Jésus. Les choses vraies de la vie, la paix, l'harmonie, l'intégrité, la sécurité et le bonheur sont intangibles. Elles proviennent du Moi profond de l'homme. Méditer sur ces qualités, c'est établir ces trésors célestes dans notre subconscient. C'est là que *ni les vers ni la rouille ne détruisent. Math. 6 : 20.*

## *Trois pas vers le succès*

Le premier pas vers le succès, c'est de découvrir la chose que nous aimons faire et de nous y appliquer. Le succès se trouve dans l'amour de ce que l'on fait. Si, par exemple, un homme est psychiatre, il ne suffit pas qu'il ait obtenu son diplôme; il faut qu'il reste informé des progrès de la science, qu'il soit présent à ses congrès, qu'il continue d'étudier le mécanisme de l'esprit. Le psychiatre qui réussit est celui qui va dans les cliniques et qui se tient au courant des dernières publications scientifiques. En d'autres termes, il s'informe des méthodes les plus avancées pour soulager la souffrance humaine. Le psychiatre, le médecin qui réussit, est celui qui a l'intérêt de ses malades à cœur.

Quelqu'un dira : « Comment puis-je franchir ce premier pas ? Je ne sais ce que je dois faire ». Dans ce cas, priez ainsi pour être dirigé : « L'intelligence infinie de mon subconscient me révèle ma place véritable dans la vie ». Répétez cette prière, tranquillement, positivement et avec amour à votre esprit profond. Tandis que vous persisterez avec foi et avec confiance, la réponse vous viendra par le truchement d'un sentiment, d'une intuition ou d'une tendance vers une certaine direction. Elle vous viendra clairement, paisiblement, vous en prendrez silencieusement conscience.

Le second pas vers le succès, c'est de vous spécialiser dans une certaine branche d'activité et d'en connaître davantage que les autres. Par exemple, si un jeune homme choisit pour profession la chimie, il devra se concentrer sur l'une des nombreuses branches de ce domaine. Il devra donner tout son temps et toute son attention à la spécialité qu'il a choisie. Il faudra qu'il soit enthousiaste au point d'essayer de tout connaître dans son domaine; si possible il devra en savoir plus long que quiconque. Ce jeune homme devra s'intéresser ardemment à son travail et être plein du désir de servir les hommes.

*Que celui qui veut être le plus grand d'entre vous soit le serviteur des autres.*

Il y a un grand contraste entre cette attitude d'esprit et celle de l'homme qui ne cherche qu'à gagner sa vie ou à être « passable ». Etre « passable » n'est point atteindre le succès. Il faut que l'homme soit animé d'un motif plus grand, plus noble et plus altruiste. Il faut qu'il serve les autres, c'est ainsi qu'il répand son pain sur les eaux [10].

Le troisième pas est le plus important. Il faut que vous vous assuriez que ce que vous voulez faire ne serve pas seulement votre succès. Votre désir ne doit pas être égoïste, il doit favoriser l'humanité. Il faut tracer la voie d'un circuit complet. Autrement dit, votre idée doit s'élancer dans le but de bénir ou de servir le monde. Il vous reviendra alors, secoué, tassé, pressé, débordant [11]. S'il ne devait pas vous favoriser, le circuit, le cercle ne serait pas fermé, et vous pourriez avoir un court-circuit dans votre vie qui pourrait consister en limitation ou en maladie.

## *La mesure du succès véritable*

Certains diront : « Mais, Mr. James a fait fortune en vendant un stock d'huile frauduleuse ». Un tel homme peut sembler réussir un moment, mais l'argent qu'on obtient par la fraude ne tarde pas à s'envoler. Lorsque nous dérobons à autrui, nous nous volons nous-mêmes, parce que nous sommes alors dans un état d'esprit de pénurie et de limitation qui peut se manifester aussi bien dans notre corps que dans notre foyer et dans nos affaires. Ce que nous pensons et sentons, nous le créons. Nous créons ce que nous croyons. Même si un homme a accumulé une fortune frauduleuse, cela ne lui donne

[10] Allusion à « Jette ton pain à la surface des eaux, et avec le temps tu le retrouveras ». Ecclésiaste 11 : 1. N.T.

[11] Allusion à « Donnez et l'on vous donnera une bonne mesure pressée, secouée, débordante; car on se servira pour vous de la mesure dont vous vous serez servi ». Luc 6: 38. N.T.

pas le succès, car il n'y a pas de succès sans paix de l'esprit. A quoi sert à un homme la richesse accumulée s'il ne peut pas dormir la nuit, s'il est malade ou possédé par un complexe de culpabilité ?

J'ai connu à Londres un homme qui me conta ses exploits. Il avait été pick-pocket professionnel et avait amassé une grosse fortune. Il possédait une maison de campagne en France et vivait sur un pied royal en Angleterre. Cependant il vivait dans la crainte constante d'être arrêté par Scotland Yard. Il était atteint de multiples désordres internes qui, indubitablement, avaient pour cause sa peur constante et son profond sentiment de culpabilité. Il savait qu'il avait mal fait et ce sentiment lui valait toutes sortes d'ennuis. Il finit par se rendre à la police et fit une peine de prison. A sa sortie il se fit conseiller psychologiquement et spirituellement, et il se transforma. Il devint un citoyen honnête, trouva une tâche à sa convenance et vécut heureux.

Celui qui réussit aime son travail, et s'exprime ainsi pleinement. Le succès dépend d'un idéal plus élevé que la seule accumulation de richesses. L'homme qui parvient au succès est celui qui possède une grande compréhension psychologique et spirituelle. Beaucoup de grands industriels d'aujourd'hui doivent leur succès au bon emploi de leur subconscient.

Il y a quelques années, un article parut au sujet du magnat de l'huile, Flagler. Celui-ci admit que le secret de son succès se trouvait dans sa capacité de concevoir un projet jusqu'à sa conclusion. Par exemple, fermant les yeux, il imaginait une grande industrie huilière, il voyait les trains parcourant les rails, il entendait retentir les sifflets, il voyait la fumée. Ayant vu et senti l'accomplissement de son vœu, son subconscient lui en donnait la réalisation. Si vous imaginez clairement un objectif, vous recevrez les moyens de son accomplissement de façon inattendue, par la puissance miraculeuse de votre subconscient.

En considérant les trois pas vers le succès, vous ne devrez jamais oublier la puissance sous-jacente des forces créatrices de votre subconscient. C'est l'énergie qui se trouve derrière tout projet de réussite. Votre pensée est créatrice. La pensée alliée au sentiment devient une foi, une croyance subjective, et *il vous est fait selon votre foi. Math. 9: 29.*

La connaissance de cette puissante force qui est en vous est capable de concrétiser tous vos désirs, elle vous donne confiance ainsi qu'un sentiment de paix. Quel que soit le domaine de votre action, il faut que vous appreniez les lois de votre subconscient. Lorsque vous savez appliquer les pouvoirs de votre esprit et lorsque vous vous exprimez pleinement en donnant de vos talents aux autres, vous êtes sur la voie du succès véritable. Si vous vous occupez ainsi des affaires de Dieu, Dieu, par Sa nature même, est pour vous; qui pourrait alors être contre vous ? Avec cette connaissance, aucune puissance dans le ciel ou sur la terre ne peut empêcher votre succès.

## *Comment il réalise son rêve*

Un acteur de cinéma me raconta qu'il avait reçu peu d'instruction, mais, comme enfant, il avait rêvé de devenir un grand acteur de cinéma. Tandis qu'il faisait les foins dans les champs ou lorsqu'il rentrait le soir les vaches pour les traire, me dit-il, « j'imaginais constamment que je voyais mon nom en grandes lettres lumineuses sur le fronton d'un grand théâtre. Je fis cela pendant des années, enfin, je m'enfuis de la maison. J'obtins différents emplois dans le domaine cinématographique et le jour vint où je vis mon nom en grandes lettres lumineuses comme lorsque j'étais enfant ! ». Puis il ajouta : « Je connais la puissance de l'imagination soutenue pour mener au succès ».

## *La pharmacie de ses rêves devint une réalité*

Il y a trente ans, je fis la connaissance d'un jeune pharmacien qui gagnait quarante dollars par semaine, plus un pourcentage sur les ventes. « Dans vingt-cinq ans », me dit-il, « j'aurai une pension et je me retirerai ».

Je dis à ce jeune homme : « Pourquoi ne possédez-vous pas votre propre pharmacie ? Sortez d'ici, élevez votre vision ! Ayez un autre rêve pour vos enfants. Votre fils a peut-être envie d'être médecin, votre fille d'être une grande musicienne ».

Il me répondit qu'il n'avait point d'argent ! Puis il s'éveilla au fait que tout ce qu'il était capable de concevoir comme vrai, il pouvait le voir s'accomplir. Le premier pas vers son but fut son éveil aux pouvoirs de son subconscient, que je lui expliquai brièvement. Son second pas fut d'admettre que, s'il était capable de faire accepter une idée par son subconscient, celui-ci la manifesterait.

Il se mit à s'imaginer dans sa propre pharmacie. Mentalement il arrangeait des flacons, préparait des ordonnances et voyait plusieurs commis servant les clients. Il imaginait aussi un important compte en banque. Tel un bon acteur, il vivait son rôle. *Agis comme si tu étais, et tu seras.* Ce pharmacien joua son rôle en s'y donnant entièrement, agissant, allant et venant dans la certitude qu'il possédait sa pharmacie.

Ce qui suivit est intéressant. Il fut renvoyé de la situation qu'il occupait, mais ne tarda pas à trouver une place dans une pharmacie importante à

succursales multiples dont il devint le directeur et, plus tard, le directeur de secteur. Il économisa assez d'argent en quatre ans pour donner une somme initiale afin d'acquérir sa propre pharmacie qu'il appela sa « Pharmacie de Rêve ».
« Car », dit-il, « elle était exactement telle que je l'avais vue en imagination ». Cet homme réussit admirablement et vécut heureux, faisant ce qu'il aimait.

## *Se servir de son subconscient dans les affaires*

Il y a quelques années, je fis une conférence sur les pouvoirs de l'imagination et du subconscient devant un groupe d'hommes d'affaires. Au cours de ma conférence je fis remarquer comment Goethe se servait sagement de son imagination lorsqu'il se trouvait devant des difficultés et des empêchements.
Ses biographes nous disent qu'il avait coutume de passer des heures à tenir des conversations imaginaires. On sait qu'il avait l'habitude d'imaginer qu'un de ses amis se trouvait assis devant lui, lui répondant convenablement. En d'autres termes s'il se trouvait devant des problèmes, il imaginait que son ami lui en donnait la réponse appropriée, accompagnée par ses gestes habituels et le ton de sa voix, et il rendait toute cette scène imaginaire aussi vivante et réelle que possible.
Parmi ceux qui assistaient à cette conférence se trouvait un jeune agent de change. Il se mit à adopter la technique de Goethe. Il prit l'habitude de s'entretenir mentalement avec un banquier multi-millionnaire de ses amis, l'entendant le féliciter de son jugement sage et le complimentant sur ses excellents achats en bourse. Il dramatisait cette conversation imaginaire au point de la fixer psychologiquement sous forme de croyance dans son esprit. La conversation intérieure et son imagination contrôlée s'accordèrent admirablement avec son but qui était de faire de bons placements pour ses clients, car son but principal dans la vie était de les voir devenir prospères grâce à ses sages conseils. Cet homme se sert toujours de son subconscient dans ses affaires et il s'est assuré un brillant succès.

## *Un garçon de seize ans fait d'un échec une réussite*

Un jeune garçon qui faisait ses études secondaires me dit : « J'ai de très mauvaises notes, la mémoire me fait défaut, je ne sais pas ce que j'ai ». Je découvris que la seule chose qui nuisait à ce garçon était son attitude d'indifférence ou de ressentiment envers certains de ses professeurs et de ses condisciples. Je lui enseignai comment se servir de son subconscient et comment réussir ainsi ses études.

Il se mit à affirmer certaines vérités plusieurs fois par jour, particulièrement le soir avant de s'endormir et aussi le matin en s'éveillant. Ce sont les meilleurs moments pour impressionner le subconscient.

Il affirma ce qui suit : « Je prends conscience de ce que mon subconscient est la resserre de la mémoire. Il retient tout ce que je lis et tout ce que disent mes professeurs. J'ai une mémoire parfaite, et l'intelligence infinie de mon subconscient me révèle constamment tout ce que j'ai besoin de savoir pour tous mes examens, écrits et oraux. J'irradie l'amour et la bonne volonté envers tous mes maîtres et mes camarades. Je leur souhaite sincèrement le succès et toutes bonnes choses ».

Ce jeune homme jouit à présent d'une plus grande liberté que jamais. Ses notes sont excellentes. Il imagine constamment que ses maîtres et sa mère le félicitent de ses succès dans ses études.

## *Comment réussir en achetant et en vendant*

En achetant et en vendant, souvenez-vous que votre esprit conscient est le démarreur et votre esprit subconscient le moteur. Il faut mettre le moteur en marche pour qu'il puisse faire son travail. Votre esprit conscient est la dynamo qui stimule le pouvoir de votre esprit subconscient.

Pour transmettre à votre esprit profond votre désir, votre idée ou l'image que vous formez, il faut d'abord immobiliser votre attention, vous tranquilliser. Cette attitude paisible, détendue, tranquille, empêche les sujets étrangers et les idées fausses de troubler l'absorption mentale de votre idéal. De plus, dans cette attitude d'esprit passive, tranquille et réceptive, l'effort est réduit au minimum.

Il faut ensuite imaginer la réalité de ce que vous désirez. Par exemple, si vous désirez acheter une maison, vous affirmez ce qui suit dans votre état d'esprit conscient, tranquillisé : « L'intelligence infinie de mon subconscient est toute sagesse. Elle me révèle à présent la maison idéale qui est admirablement située et qui répond à tous mes besoins tout en étant à la mesure de mes moyens. Je remets à présent cette requête à mon subconscient et je sais qu'il me répond, conformément à la nature de ma requête. Je la lui remets dans la foi et la confiance absolues, tout comme le fermier dépose dans la terre ses semailles, s'en remettant implicitement aux lois de la croissance ».

La réponse à votre prière peut venir au moyen d'une annonce dans le journal, par un ami, ou bien vous pourrez être dirigé vers la maison qui sera exactement celle que vous cherchez. Il y a bien des moyens par lesquels votre prière peut être exaucée. La connaissance principale, en laquelle vous pouvez mettre votre confiance, c'est de savoir que la réponse vient toujours, à condition que vous fassiez confiance à l'action de votre esprit profond.

Peut-être souhaitez-vous vendre votre maison, une terre ou quelque autre bien. Au cours de consultations privées données à des agents immobiliers, je leur expliquai comment je vendis ma propre maison de Orlando Avenue à Los Angeles. Beaucoup d'entre eux appliquèrent la technique dont je me servis et en obtinrent des résultats remarquables et rapides. J'avais placé dans le jardin devant ma maison un écriteau sur lequel était écrit : « A vendre par le propriétaire ». Le lendemain, je me dis en m'endormant : « En supposant que tu vendes ta maison, que feras-tu ? » Répondant à ma question, je me dis : « J'enlèverai mon écriteau et je le mettrai dans le garage ». En imagination je m'emparai de l'écriteau, le tirai du sol, le mis sur mon épaule, me rendis au garage, jetai l'écriteau à terre en lui disant en riant : « Je n'ai plus besoin de toi ! ». Je ressentis la satisfaction que j'allais éprouver, prenant conscience que tout était accompli.

Le lendemain un acheteur me fit un paiement initial de 1000 dollars et me dit : « Enlevez votre écriteau. Nous allons faire un sous-seing privé ».

Immédiatement j'enlevai mon écriteau et le mis dans le garage. L'action extérieure s'était conformée à l'action intérieure. Il n'y a rien de nouveau dans tout cela. *Il en est au dedans comme au dehors,* c'est-à-dire que l'image imprimée sur votre subconscient s'exprime sur l'écran objectif de votre vie. L'action extérieure suit l'action intérieure.

Voici une autre méthode pour vendre une maison ou une propriété. Affirmez lentement, tranquillement de façon bien sentie : « L'intelligence infinie m'attire l'acheteur de cette maison, celui qui en a besoin et qui en tirera profit. Il m'est envoyé par l'intelligence créatrice de mon subconscient qui ne commet point d'erreur. Cet acheteur pourra voir d'autres maisons mais seule la mienne l'intéresse et c'est elle qu'il achètera car il est dirigé par l'intelligence infinie qui est en lui. Je sais que tout sera parfait, l'acheteur, le moment et le prix de la vente. Les courants profonds de mon subconscient sont à présent actifs et nous mettent en rapport dans l'ordre divin. Je sais qu'il en est ainsi ».

Souvenez-vous toujours que ce que vous cherchez vous cherche et chaque fois que vous souhaitez vendre une maison ou quelque bien que ce soit, il y a toujours quelqu'un qui désire ce que vous avez à offrir. En vous servant correctement des pouvoirs de votre subconscient, vous libérez votre esprit de tout sentiment de compétition et d'anxiété, dans vos achats comme dans vos ventes.

## *Comment elle réussit à obtenir ce qu'elle voulait*

Une jeune dame assiste régulièrement à mes cours et conférences. Elle était obligée de changer trois fois d'autobus et il lui fallait une heure et demie pour y parvenir. Au cours d'une conférence, j'expliquai comment un jeune homme qui avait eu besoin d'une voiture pour son travail l'avait obtenue.
Cette jeune personne décida de mettre cette technique à l'épreuve. Voici ce qu'elle m'écrivit ensuite pour me narrer l'application de ma méthode; je publie sa lettre avec sa permission :

« Cher Dr Murphy,

» Voici comment j'ai reçu la Cadillac que je désirais pour me rendre régulièrement à vos cours. En imagination je me mis à accomplir tout le processus de la conduite d'une voiture, comme si, en fait, j'en conduisais une. Puis je me rendis chez le concessionnaire et le vendeur me fit essayer une voiture; moi-même je conduisis cette Cadillac et je déclarai à maintes reprises qu'elle m'appartenait.
» Je continuai d'entretenir cette image mentale, montant dans la voiture, la conduisant, sentant son capitonnage, etc. et cela pendant plus de deux semaines. La semaine dernière je me suis rendue à votre cours en Cadillac. Mon oncle d'Inglewood est décédé et il m'a légué sa Cadillac et toutes ses propriétés. »

## *Une technique du succès employée par d'éminents hommes d'affaires*

Beaucoup d'hommes d'affaires importants se servent tranquillement du terme abstrait « succès », le répétant à maintes reprises tous les jours jusqu'à ce qu'ils parviennent à la conviction que le *succès* leur appartient. Ils savent que l'*idée du succès* contient tous les éléments essentiels du succès. Vous pouvez vous aussi vous mettre à répéter le mot « succès » avec foi et conviction. Votre subconscient va l'accepter comme vrai pour vous, et vous serez subconsciemment contraint de réussir.
Vous êtes contraint d'exprimer vos croyances, vos impressions et vos convictions subjectives. Qu'est-ce que le succès implique pour vous ? Sans doute

voulez-vous réussir dans votre vie familiale et dans vos rapports avec les autres. Vous souhaitez aussi exceller dans le métier ou dans la profession que vous avez choisi. Vous désirez posséder un beau foyer, avoir tout l'argent dont vous avez besoin pour vivre confortablement et heureux. Vous voulez aussi réussir votre vie spirituelle et vos contacts avec les pouvoirs de votre subconscient.

Vous aussi vous êtes un homme d'affaires parce que vous êtes dans l'affaire de la vie. Devenez un homme d'affaires qui réussit, en vous imaginant faisant ce que vous aspirez à faire et possédant les choses que vous désirez posséder. Servez-vous de votre imagination, participez mentalement à la réalité du succès. Faites-en une habitude. Endormez-vous chaque soir dans le sentiment du succès, parfaitement satisfait; vous parviendrez à implanter l'idée du succès dans votre subconscient. Croyez que vous êtes né pour réussir et les merveilles se produiront tandis que vous priez !

## *Points profitables*

1. Le succès, c'est réussir sa vie. Lorsque vous êtes paisible, heureux, joyeux, faisant ce que vous aimez faire, vous avez réussi.

2. Découvrez ce que vous aimez faire, et puis faites-le. Si vous ne connaissez pas votre expression véritable, demandez à être dirigé, la *direction* vous viendra.

3. Spécialisez-vous dans le domaine que vous avez choisi et essayez d'en savoir plus que tout autre.

4. Un homme qui réussit n'est pas égoïste. Son désir principal est de servir l'humanité.

5. Il n'y a point de réussite sans paix de l'esprit.

6. Un homme qui réussit possède une grande compréhension psychologique et spirituelle.

7. Si vous imaginez clairement un objectif, vous recevrez tout ce qui vous est nécessaire à sa réalisation par la miraculeuse puissance de votre subconscient.

8. Votre pensée alliée au sentiment devient une croyance objective et *il vous est fait selon votre foi.*

9. La puissance de l'imagination soutenue attire les miraculeuses puissances de votre subconscient.

10. Si vous désirez l'avancement dans votre travail, imaginez que votre employeur, votre supérieur ou un être que vous aimez vous félicite de votre promotion. Faites-en une image vivante réelle. Entendez la voix, voyez les gestes, sentez la réalité de tout cela. Continuez de faire cela fréquemment; en occupant ainsi fréquemment votre esprit, vous obtiendrez la joie de la prière exaucée.

11. Votre subconscient est une resserre de mémoire. Pour avoir une mémoire parfaite, affirmez fréquemment : « L'intelligence infinie de mon subconscient me révèle tout ce que j'ai besoin de savoir à tout moment, partout ».

12. Si vous désirez vendre une maison ou quelque bien que ce soit, affirmez lentement, tranquillement, en le sentant bien : « L'Intelligence infinie m'attire l'acheteur de cette maison ou de ce bien, celui qui le désire et en tirera profit ». Maintenez cet état de conscience et les courants de votre subconscient vous en donneront la manifestation.

13. L'idée du succès contient tous les éléments du succès. Répétez le mot « succès », fréquemment, avec foi et conviction, vous serez subconsciemment contraint de réussir.

CHAPITRE XII

# Les savants se servent du subconscient

Beaucoup de savants connaissent la véritable importance du subconscient. Edison, Marconi, Kettering, Poincaré, Einstein et bien d'autres se sont servis du subconscient. Il leur a donné la pénétration et le « savoir-faire » dans tous leurs grands accomplissements en science moderne et dans l'industrie. La recherche a montré que la capacité de mettre en œuvre la puissance subconsciente a déterminé le succès de tous les grands savants et chercheurs.

Voici un exemple qui démontre comment le célèbre chimiste Friedrich von Stradonitz se servit de son subconscient pour résoudre un problème. Depuis longtemps il œuvrait laborieusement, s'efforçant de recombiner les six atomes de carbone et les six atomes d'hydrogène de la formule de la benzine et il demeurait perplexe et incapable de résoudre cette formule. Fatigué, épuisé, il abandonna la question complètement à son subconscient. Peu après, au moment où il montait dans un autobus londonien, son subconscient présenta en un éclair la réponse à son esprit conscient. Cette réponse était celle qu'il cherchait depuis longtemps : le réajustement circulaire des atomes, connu sous le nom de cercle de benzine.

## *Comment un savant fit son invention*

Nikolas Tesla, brillant savant électronicien, fit les plus étonnantes découvertes. Lorsque l'idée d'une invention nouvelle lui venait à l'esprit, il l'entretenait dans son imagination, sachant que son subconscient reconstruirait dans son esprit conscient et lui révélerait toutes les parties nécessaires à sa fabrication sous la forme concrète. En contemplant tranquillement toutes les améliorations possibles, il ne perdait pas de temps à corriger les défauts, et il était capable de livrer aux techniciens le produit parfait de son esprit.

Il dit : « Invariablement mon invention marche comme je l'ai imaginée. En vingt ans, il n'y a pas eu une seule exception ».

Le Professeur Agassiz, naturaliste américain distingué, découvrit les infatigables activités de son subconscient pendant le sommeil. Voici ce que dit sa veuve dans la biographie de son éminent époux :

« Depuis deux semaines il s'efforçait de déchiffrer l'impression quelque peu obscure d'un poisson fossile sur la dalle de pierre dans laquelle il était préservé. Fatigué et perplexe, il mit enfin son travail de côté et essaya d'en dégager son esprit. Peu de temps après, il s'éveilla une nuit, persuadé d'avoir vu son poisson pendant son sommeil avec toutes ses parties manquantes parfaitement retrouvées. Mais lorsqu'il essaya de s'en rappeler l'image, celle-ci s'effaça. Néanmoins, il se rendit au musée du Jardin des Plantes, se disant qu'en étudiant à nouveau l'impression, il verrait quelque chose qui le mettrait sur la voie de sa vision. Il n'en fut rien — le mystère restait entier. La nuit suivante il revit le poisson mais sans résultat satisfaisant; à son réveil la vision échappait à sa mémoire. Espérant que la même expérience se répéterait il plaça, la troisième nuit, du papier et un crayon près de son lit, avant de s'endormir.

» Vers le matin, le poisson réapparut dans son rêve, d'abord confusément mais ensuite si distinctement qu'il n'eut plus aucun doute sur ses caractéristiques zoologiques. Encore à moitié dans le rêve, dans l'obscurité totale, il traça ses caractéristiques sur le papier qui se trouvait à son chevet. Au matin il fut surpris de constater dans son dessin nocturne des traits dont il pensait qu'il était impossible que le fossile les révélât. Il se précipita au Jardin des Plantes et, son dessin le guidant, il réussit à buriner la surface de la pierre sous laquelle il trouva des parties cachées du poisson. Lorsqu'elles furent complètement dégagées, tout correspondit à son rêve et à son dessin, et mon mari put facilement procéder à la classification ».

## *Un grand médecin résout le problème du diabète*

Il y a environ quarante ans, le Dr Frederick Banting, brillant chirurgien canadien, étudiait les ravages commis par le diabète. A cette époque, la médecine ne possédait aucun moyen d'arrêter cette maladie. Le Dr Banting consacrait un temps considérable à l'étude et à l'expérimentation des travaux internationaux sur ce mal. Une nuit, épuisé, il tomba endormi. Pendant son sommeil, son subconscient lui suggéra d'extraire le résidu des glandes pancréatiques dégénérées de chiens. Telle fut l'origine de l'insuline qui vint au secours de millions d'êtres.

Vous remarquerez que le Dr Banting s'était depuis longtemps consciemment absorbé dans le problème, cherchant sa solution; son subconscient répondit en conséquence.
Cela ne signifie point que vous obtiendrez une réponse immédiatement. Il se peut qu'elle soit différée. Ne vous découragez pas. Continuez de poser le problème chaque soir à votre subconscient avant de vous endormir, comme si vous ne l'aviez encore jamais fait.
Une des raisons du délai peut être le fait que vous considérez votre affaire comme un problème majeur. Vous pensez peut-être qu'il faudra beaucoup de temps pour le résoudre.
Votre subconscient ne connaît ni temps ni espace. Endormez-vous en croyant que vous possédez maintenant la réponse. Ne postulez pas la réponse dans l'avenir. Ayez une foi totale dans l'aboutissement. Convainquez-vous en ce moment, tandis que vous lisez ce livre, qu'il y a pour vous une réponse, une solution parfaite.

## *Comment un savant physicien s'échappa d'un camp de concentration russe*

Le Dr Lothan von Blenk-Schmidt, membre de la Rocket Society, éminent ingénieur en recherche électronique, raconte comment il se servit de son subconscient pour se libérer de la mort certaine qu'allaient lui infliger les gardes brutaux d'un camp dans les mines russes :
« J'étais prisonnier de guerre dans une mine de charbon en Russie et je voyais mourir des hommes tout autour de moi. Nous étions surveillés par des gardes brutaux, des officiers arrogants et des commissaires qui savaient penser et agir avec rapidité. Après un examen médical sommaire, chaque prisonnier se voyait imposer une quantité de charbon par jour. La mienne fut fixée à trois cents livres par jour. Si le prisonnier n'extrayait pas la quantité de charbon requise, sa maigre ration alimentaire était encore réduite et, en peu de temps, il se reposait au cimetière.
» Je me mis à me concentrer sur l'évasion. Je savais que mon subconscient en trouverait le moyen. Mon foyer en Allemagne était détruit, ma famille anéantie et tous mes amis avaient été tués ou se trouvaient dans des camps de concentration.
» Je dis à mon subconscient : je veux aller à Los Angeles, et tu vas trouver le moyen de m'y mener. J'avais vu des images de Los Angeles et je me souvenais bien de ses boulevards et de certains de ses édifices.

« Chaque matin et chaque soir, je m'imaginais marchant dans le Wilshire Boulevard en compagnie d'une jeune fille américaine que j'avais rencontrée avant la guerre à Berlin (elle est maintenant ma femme). En imagination je visitais les magasins, je montais dans les autobus et je prenais mes repas dans les restaurants. Chaque soir, j'avait particulièrement soin de conduire ma voiture américaine imaginaire le long des boulevards de Los Angeles. Je me faisais de tout ceci une représentation vivante. Ces images, dans mon esprit, étaient aussi réelles, aussi naturelles que les arbres qui bordaient le camp.

» Chaque matin, le garde en chef comptait les prisonniers en rang. Il appelait un, deux, trois, etc. et lorsqu'il appelait le dix-sept, qui était mon numéro, je faisais un pas de côté. Un matin, le garde fut appelé, puis revint au bout d'une ou deux minutes et se mit à compter par erreur depuis le numéro dix-sept. Lorsque mon détachement revint le soir au camp, le nombre d'hommes était évidemment le même et la découverte de mon évasion ne fut faite que beaucoup plus tard.

» Je sortis du camp sans être vu et je marchai sans m'arrêter pendant vingt-quatre heures, me reposant ensuite, le lendemain, dans une ville déserte. Je vécus de la pêche et de la chasse. Puis je trouvai des trains de charbon qui s'en allaient en Pologne et je les empruntai de nuit jusqu'à ce que j'y arrivasse. Aidé par des amis, je me rendis à Lucerne, en Suisse.

» Un soir, au Palace Hotel de Lucerne, je liai conversation avec un ménage d'Américains. Ils m'invitèrent dans leur maison de Santa Monica, en Californie; j'acceptai et lorsque j'arrivai à Los Angeles, leur chauffeur me conduisit à travers les boulevards, entre autres le Wilshire, que j'avais imaginé pendant de longs mois de détention dans la mine de charbon de Russie. Je reconnus les édifices que j'avais vus en esprit si souvent. Il me semblait être vraiment déjà venu à Los Angeles avant d'atteindre mon but.

» Jamais je ne cesserai de m'émerveiller de ce qu'accomplit le subconscient. En vérité, ses voies sont insondables ».

## *Comment des archéologues et des paléontologues reconstruisent des lieux anciens*

Ces savants savent que leur subconscient garde la mémoire de tout ce qui a existé. Tandis qu'ils étudient les ruines et les fossiles, au moyen de leur perception imaginative, leur subconscient les aide à reconstruire les scènes antiques. Le passé mort revit et redevient audible. Contemplant les temples anciens et étudiant les poteries, les statues, les ustensiles ménagers et les outils de ces temps anciens, le savant nous parle d'une ère où le langage n'existait pas. La communication se faisait au moyen de grognements, de plaintes et de signes.

La profonde concentration et l'imagination disciplinée du savant éveillent les pouvoirs latents de son subconscient, ce qui lui permet de coiffer les temples antiques de toits, de les entourer de jardins, de piscines et de fontaines. Les restes fossilisés sont revêtus de muscles et de chair, ils retrouvent leurs yeux et marchent à nouveau. Le passé devient le vivant présent, et nous voyons qu'en esprit il n'y a ni temps ni espace. Par l'imagination disciplinée, contrôlée, dirigée, vous pouvez être le compagnon des penseurs inspirés les plus scientifiques de tous les temps.

## *Comment recevoir les directives de votre subconscient*

Lorsque vous avez à prendre ce qui vous semble être « une décision difficile », ou lorsque vous n'apercevez pas la solution de votre problème, mettez-vous immédiatement à penser constructivement à ce sujet. Si vous êtes craintif ou soucieux, vous ne pensez pas réellement. Le mode de penser véritable est libre de toute crainte.

Voici une technique simple dont vous pouvez user pour recevoir des directives, sur quelque sujet que ce soit. Immobilisez le corps et tranquillisez l'esprit. Dites à votre corps de se détendre, il est contraint de vous obéir. Il n'a ni volonté ni initiative ni intelligence consciente. Votre corps est un disque émotionnel qui enregistre vos croyances et vos impressions. Mobilisez votre attention; fixez votre pensée sur la solution de votre problème. Essayez de le résoudre avec votre esprit conscient. Pensez à la joie que vous auriez en obtenant la solution parfaite. Imaginez le sentiment qui serait le vôtre si vous aviez la réponse convenable. Laissez votre esprit jouer ainsi dans un état de détente, puis endormez-vous. Si vous n'avez pas la réponse en vous éveillant, occupez-vous à autre chose. Probablement, lorsque vous serez occupé ailleurs, la réponse surgira en votre esprit.

Pour recevoir les directives du subconscient, le moyen simple est le meilleur. En voici un exemple. Je perdis un jour une bague de valeur qui était un bijou de famille. Je la cherchai partout, en vain. Le soir je parlai à mon subconscient de la même manière qu'à une autre personne, lui disant, avant de m'endormir : « Tu sais toutes choses, tu sais donc où se trouve cette bague et tu me le révèles à présent ».

En m'éveillant au matin les mots « Demande à Robert ! » résonnérent à mon oreille.

Je pensais qu'il était bien étrange que j'eusse à demander à Robert, un enfant de neuf ans, où était ma bague; néanmoins, je suivis la voix intérieure. Robert dit : « Ah ! oui. Je l'ai ramassée dans le jardin en jouant avec mes camarades. Je l'ai mise sur mon bureau dans ma chambre. Je ne pensais pas qu'elle avait de la valeur, alors je n'ai rien dit à personne. »

Le subconscient vous répondra toujours si vous lui faites confiance.

## *Comment le subconscient révéla l'emplacement du testament de son père*

Un jeune homme qui suit mes cours fit l'expérience suivante. Son père était décédé apparemment sans laisser de testament. Cependant sa sœur lui dit que leur père lui avait confié qu'il avait testé de façon à être juste envers tous. Tous les efforts pour retrouver ce testament restaient vains.

Avant de s'endormir il parla à son esprit profond comme suit : « Je remets cette requête à mon subconscient. Il sait exactement où ce testament se trouve et il me le révèle ». Puis il résuma par un seul mot sa requête « Réponse », le répétant à maintes et maintes reprises comme une berceuse et il s'endormit sur cette parole.

Le lendemain matin ce jeune homme se sentit irrésistiblement poussé à se rendre dans une certaine banque de Los Angeles dans laquelle il découvrit qu'un coffre avait été loué au nom de son père, le testament s'y trouvait.

Votre pensée, en vous endormant, stimule la puissance qui est en vous. Par exemple, supposez que vous demandiez s'il convient que vous vendiez votre maison, que vous achetiez certaines actions, que vous mettiez fin à une association, que vous alliez vous fixer à New York ou que vous demeuriez à Los Angeles, ou que vous dénonciez un contrat ou en fassiez un autre. Faites la chose suivante: Asseyez-vous tranquillement dans votre fauteuil ou à votre bureau. Souvenez-vous qu'il existe une loi universelle d'action et de réaction. L'action c'est votre pensée, la réaction, la réponse de votre subconscient. Le subconscient est réactif et il réfléchit, selon sa nature. Il rebondit et récompense. C'est la loi de correspondance. Il répond au correspondant. Tandis que vous contemplez l'action juste vous obtiendrez automatiquement une réaction, une réponse en vous-même qui représentera la directive ou la réponse de votre subconscient.

Pour trouver les directives dont vous avez besoin, vous pensez tranquillement à l'action juste, ce qui veut dire que vous vous servez de l'intelligence infinie qui réside dans votre subconscient au point où elle se met à se servir de vous. Dès ce moment, votre action est dirigée et contrôlée par la sagesse subjective qui est en vous, toute puissante. Votre décision sera la bonne. Il n'y aura que l'action juste parce que vous serez subjectivement contraint de faire ce qui sera bien. Je me sers du mot *contrainte* parce que la loi du subconscient est la contrainte.

## *Le secret des directives*

Le secret de la directive, de l'action juste, c'est de se consacrer mentalement à la réponse juste jusqu'à ce que vous trouviez en vous-même la réponse. La réponse vient sous forme d'un sentiment, d'une intuition qui n'admet pas de discussion et par laquelle vous êtes convaincu. Vous ne pouvez absolument pas échouer ni commettre un faux pas lorsque vous suivez la sagesse subjective en vous. Toutes vos voies seront pleines d'agrément et tous vos chemins paisibles.

## *Points importants à se rappeler*

1. Souvenez-vous que le subconscient a déterminé le succès et les merveilleux accomplissements de tous les grands chercheurs scientifiques.

2. Lorsque vous donnez votre attention consciente et suivie à la solution d'un problème difficile, votre subconscient rassemble toute l'information qui vous est nécessaire et en présente le produit à l'esprit conscient.

3. Si vous cherchez la réponse à un problème, essayez de le résoudre objectivement. Obtenez par la recherche et auprès des autres toute l'information dont vous avez besoin. Si aucune réponse ne vient, remettez le problème à votre subconscient avant de vous endormir; la réponse vient toujours. Cela ne manque jamais.

4. La réponse ne vient pas toujours d'un jour à l'autre. Continuez de remettre votre requête à votre subconscient jusqu'à ce que le jour se lève et que les ombres fuient.

5. Vous retardez la réponse en pensant qu'elle pourra être longue à venir ou en pensant que votre problème est majeur. Votre subconscient n'a point de problème il ne connaît que la réponse.

6. Croyez que vous avez dès maintenant la réponse. Sentez-en la joie que vous allez éprouver et ce que vous sentirez lorsque vous le réaliserez. Votre subconscient répondra à votre sentiment.

7. Toute image mentale, soutenue par la foi et la persévérance, se manifestera en vertu de la miraculeuse puissance de votre subconscient. Faites-lui confiance, croyez en sa puissance et les merveilles auront lieu tandis que vous priez.

8. Votre subconscient est la resserre de la mémoire et en votre subconscient sont enregistrées toutes vos expériences depuis l'enfance.

9. Les savants méditant sur d'anciens manuscrits, sur des temples antiques, sur des fossiles etc., parviennent à reconstruire des scènes du passé et à les faire revivre. Leur subconscient vient à leur aide.

10. Remettez votre requête d'une solution à votre subconscient avant de vous endormir. Faites-lui confiance, croyez en lui; la réponse viendra. Votre subconscient sait et voit tout, mais il faut que vous ne doutiez point ni que vous mettiez en question ses pouvoirs.

11. L'action, c'est votre pensée et la réaction est la réponse de votre subconscient. Si vos pensées sont sages, vos actions et vos décisions le seront aussi.

12. Les directives viennent sous forme d'un sentiment, d'une certitude intérieure qui fait que vous êtes convaincu. Ce sentiment, cette certitude, suivez-les.

CHAPITRE XIII

# Votre subconscient et les merveilles du sommeil

Vous passez environ huit heures sur vingt-quatre, c'est-à-dire un tiers de votre vie, dans le sommeil. C'est une inexorable loi de la vie qui s'applique également aux règnes animal et végétal. Le sommeil est une loi divine et beaucoup de réponses à nos problèmes nous viennent lorsque nous sommes profondément endormis.

Beaucoup de personnes maintiennent la théorie selon laquelle vous vous fatiguez pendant le jour et vous vous endormez pour réparer votre corps, un processus de réparation ayant lieu au cours du sommeil. Mais rien ne se repose tandis que vous dormez. Votre cœur, vos poumons et tous vos organes vitaux fonctionnent lorsque vous êtes endormi. Si vous mangez auparavant, la nourriture est digérée et assimilée, de même votre peau sécrète la transpiration, vos ongles et vos cheveux continuent de pousser.

Votre subconscient ne se repose pas, ne dort jamais. Il est toujours actif, contrôlant toutes les forces vitales. Le processus curatif s'accomplit plus rapidement tandis que vous dormez car alors il n'y a point d'interférence de la part de votre esprit conscient. De remarquables réponses vous parviennent tandis que vous dormez.

## *Pourquoi nous dormons*

Le Dr John Bigelow, qui fait autorité en matière de sommeil [12], démontre que la nuit, tandis que vous êtes endormi, vous recevez des impressions qui montrent que les nerfs des yeux, des oreilles, du nez et des papilles gustatives sont actifs pendant le sommeil, ainsi que les cellules de votre cerveau. Il

[12] Dr John Bigelow, The Mystery of Sleep, « Le mystère du sommeil ». New York et Londres, Harper Brothers.

dit que la raison principale pour laquelle nous dormons est que « la partie noble de l'âme est unie par abstraction à notre nature supérieure et participe à la sagesse et à la pénétration des dieux ».

Le D^r^ Bigelow dit aussi : « Les résultats de mes études n'ont pas seulement renforcé ma conviction que l'exemption supposée des tâches et des activités coutumières n'est point le but final du sommeil, ils ont aussi rendu plus clair à mon esprit la conviction qu'aucune partie de la vie d'un homme ne mérite d'être considérée comme étant plus indispensable à son développement spirituel symétrique et parfait que la période pendant laquelle il est séparé des phénomènes du monde, dans le sommeil ».

## *La prière, une forme du sommeil*

Votre esprit conscient s'empêtre dans les vexations, les luttes et les conflits de la journée, il est donc très nécessaire qu'il s'abstraie périodiquement du témoignage sensoriel et du monde objectif et qu'il communique silencieusement avec la sagesse intérieure de votre subconscient. En réclamant les directives, la force, l'intelligence supérieure dans toutes les phases de votre vie, vous serez à même de surmonter toutes les difficultés, de résoudre vos problèmes quotidiens.

Ce retrait régulier, hors de l'évidence sensorielle ainsi que du bruit et de la confusion de la vie de tous les jours, est aussi une forme de sommeil, c'est-à-dire que vous êtes alors endormis au monde des sens et que vous vous éveillez à la sagesse et à la puissance de votre subconscient.

## *Surprenants effets de la suppression du sommeil*

Le manque de sommeil peut vous rendre irritable, sombre et déprimé. Le D^r^ Georges Stevenson de la National Association for Mental Health (Association nationale pour la santé mentale) dit : « Je crois qu'il est raisonnable de dire que tous les êtres humains ont besoin d'un minimum de six heures de sommeil pour se bien porter. La plupart ont besoin de plus. Ceux qui pensent qu'ils peuvent s'accommoder de moins de sommeil se méprennent ». Les savants en recherche médicale, qui ont étudié les processus de sommeil et la privation de sommeil font remarquer que l'insomnie prolongée a précédé, dans certains cas, les ébranlements psychopathiques. Souvenez-vous que vous êtes spirituellement rechargé pendant le sommeil et qu'il vous en faut suffisamment pour vous donner la vitalité et la joie de vivre.

## *Vous avez besoin de plus de sommeil*

Robert O'Brien, dans un article « Peut-être avez-vous besoin de plus de sommeil », paru dans le *Reader's Digest (Sélection du Reader's Digest en français)* rapporte l'expérience suivante au sujet du sommeil :

« Depuis ces trois dernières années, des expériences ont été poursuivies au Walter Reed Army Institute of Research de Washington, D.C. Des sujets — plus de cent volontaires militaires et civils — ont été maintenus en état de veille jusqu'à quatre jours de suite. Des milliers de tests ont mesuré les effets de cette privation de sommeil sur leur comportement et leur personnalité. Les résultats de ces tests ont donné aux savants d'étonnants aperçus sur les mystères du sommeil.

» Ils savent à présent que le cerveau fatigué appelle si avidement le sommeil qu'il sacrifiera tout pour l'obtenir. Après quelques heures seulement de privation de sommeil, de courts sommes se produisirent au rythme de trois ou quatre par heure. Tout comme dans le véritable sommeil, les paupières tombaient, le rythme cardiaque ralentissait. Chaque somme ne durait qu'une fraction de seconde. Parfois c'étaient des périodes d'inconscience, parfois ils étaient remplis d'images, de bribes de rêve. A mesure que la privation augmentait, les sommes avaient lieu plus souvent et duraient plus longtemps, peut-être deux ou trois secondes. Même si des sujets avaient été en train de piloter un avion dans un orage, ils n'auraient pas pu résister à ces micro-sommeils de quelques précieuses secondes. Et cela peut vous arriver; comme peuvent en témoigner ceux qui se sont endormis au volant de leur voiture.

» Un autre effet étonnant de la privation de sommeil se trouve dans le fait qu'elle attaque la mémoire et la perception. Beaucoup des sujets en question furent incapables de retenir une information assez longtemps pour l'appliquer à la tâche qu'ils avaient à accomplir. Ils étaient totalement ahuris devant des situations qui exigeaient qu'ils aient plusieurs facteurs en mémoire afin d'agir en conséquence, comme doit le faire un pilote lorsqu'il combine avec maestria la direction du vent, la vitesse de l'air, l'altitude, pour se poser sans encombre sur la piste ».

## *Le sommeil porte conseil*

Une jeune dame de Los Angeles, qui écoute mes émissions de radio nationales, me dit qu'on lui avait offert à New York une situation qui aurait doublé son salaire. Elle ne savait si elle devait accepter cette offre; avant de s'endormir elle pria comme suit : « L'intelligence créatrice de mon subconscient sait ce qui vaut le mieux pour moi. Sa tendance mène toujours vers la vie et elle me révèle la bonne décision — qui m'est une bénédiction et qui bénit tous ceux qu'elle intéresse. Je rends grâce pour la réponse qui, je le sais, me vient ».

Elle se répéta cette prière simple à maintes et maintes reprises avant de s'endormir et, le lendemain matin, elle eut le sentiment persistant qu'elle ne devait pas accepter cette offre. Elle la rejeta donc et les événements subséquents confirmèrent cette intuition, car la compagnie qui l'avait pressentie fit faillite quelques mois plus tard.

L'esprit conscient peut avoir raison quant aux faits objectivement connus, mais la faculté intuitive du subconscient de cette personne vit l'échec de la compagnie en question et lui en donna la prémonition.

## *Sauvé d'un désastre certain*

Je vous donne un exemple de la façon dont la sagesse de votre subconscient peut vous instruire et vous protéger lorsque, avant de vous endormir, vous lui demandez de vous éclairer.

Il y a bien des années, c'était avant la seconde guerre mondiale, une situation fort lucrative me fut offerte en Orient, et, afin de recevoir les directives qui me permettraient de prendre la bonne décision, je priai comme suit : « L'intelligence infinie qui est en moi sait toutes choses et la bonne décision m'est révélée dans l'ordre divin. Je reconnaîtrai cette réponse lorsqu'elle me viendra ».

Je répétai cette prière comme une berceuse avant de m'endormir et au cours d'un rêve il me fut donné une vivante réalisation de choses qui devaient avoir lieu trois ans plus tard. Un vieil ami apparut dans ce rêve et me dit : « Lisez ces manchettes — ne partez pas ! ». Les manchettes des journaux dans mon rêve parlaient de guerre et de l'attaque de Pearl Harbour.

Parfois l'auteur de ces lignes rêve de façon précise. Le rêve que nous venons de conter fut sans aucun doute une dramatisation du subconscient qui projeta une personne en laquelle j'avais confiance et que je respectais. Certains pourront recevoir une mise en garde sous la forme d'une mère qui apparaît dans un rêve. Elle dit au rêveur de ne pas aller dans un endroit et lui donne la raison de sa mise en garde. Votre subconscient est toute sagesse. Il sait toutes choses. Souvent il vous parlera par une voix que votre esprit conscient acceptera immédiatement comme vraie. Parfois votre subconscient vous préviendra par une voix qui est comme celle de votre mère ou de quelque être aimé, qui vous fera vous arrêter dans la rue, et vous verrez ensuite que, si vous aviez avancé d'un mètre, vous auriez pu recevoir sur la tête l'objet qui tombe d'une fenêtre.

Mon subconscient étant uni au subconscient universel, savait que les Japonais préparaient une guerre et il savait aussi quand elle serait déclenchée.

Le D^r^ Rhine, directeur du Département de psychologie à la Duke University, a rassemblé une grande quantité de témoignages qui montrent que beaucoup de gens tout autour du monde voient les événements avant qu'ils n'apparaissent et que, dans bien des cas, ils sont, par conséquent, capables d'éviter le tragique événement prévu avec précision dans un rêve.

Le rêve dont je parle me montra clairement les manchettes du *New York Times* environ trois ans avant la tragédie de Pearl Harbour. En conséquence de ce rêve, je décommandai immédiatement mon voyage, ayant senti la contrainte subconsciente. Trois ans plus tard la seconde guerre mondiale prouva la justesse de la voix de l'intuition.

## *Votre avenir est dans votre subconscient*

Souvenez-vous que l'avenir, le résultat de votre mode de penser habituel, est déjà dans votre esprit, sauf lorsque vous le changez par la prière. De même, l'avenir d'un pays est dans le subconscient collectif du peuple de cette nation. Il n'y a rien d'étrange dans le rêve au cours duquel je vis les manchettes des journaux de New York bien avant que la guerre ne se déclarât. Cette guerre avait déjà lieu en esprit et tous les plans de l'attaque étaient déjà gravés sur ce grand instrument enregistreur, le subconscient, l'inconscient collectif de l'entendement universel. Les événements de demain sont dans votre subconscient, de même que ceux de la semaine prochaine, du mois prochain, et ils peuvent être vus par une personne clairvoyante, très développée psychiquement.

Aucun désastre, aucune tragédie ne peut vous atteindre si vous décidez de prier. Rien n'est prédestiné, préordonné. Votre attitude mentale, c'est-à-dire la façon dont vous pensez, sentez et croyez, détermine votre destinée. Vous pouvez, par la prière scientifique, telle qu'elle a été expliquée dans un précédent chapitre, former, mouler et créer votre avenir. *Tout ce qu'un homme sème, il le récoltera.*

## *Un assoupissement qui lui valut 15 000 dollars*

Un de mes élèves m'envoya un extrait d'un journal, il y a trois ou quatre ans, au sujet d'un homme nommé Ray Hammerstrom, ouvrier lamineur dans l'aciérie de Pittsburgh appartenant à la Jones et Langhlein Steel Corporation. Il reçut 15 000 dollars pour son rêve.

Selon cet article, les ingénieurs ne parvenaient pas à réparer une prise dans un atelier nouvellement installé qui assurait la transmission des barres d'acier sur les tables de refroidissement. Ces ingénieurs s'étaient repris onze ou douze fois à cette tâche, mais en vain.

Hammerstrom réfléchissait beaucoup à ce problème et s'efforçait de trouver un nouveau dispositif qui pourrait fonctionner. Rien ne marcha. Un après-midi, il s'étendit pour prendre un moment de repos et, avant de s'endormir, il se mit à penser à la réponse au problème de la prise. Il eut un rêve au cours duquel un dessin parfait lui apparut. Lorsqu'il s'éveilla, il en fit un croquis selon le dessin de son rêve.

Ce petit somme valut à Hammerstrom un chèque de 15 000 dollars, la plus forte récompense que sa firme ait jamais donnée à un de ses employés pour une nouvelle idée.

## *Comment un célèbre professeur résolut un problème pendant son sommeil*

Le Dr Helprecht, professeur d'assyrien à l'Université de Pennsylvanie, écrit ce qui suit : « Un samedi soir... je m'étais épuisé en vains efforts pour déchiffrer deux petits fragments d'agate qui étaient supposés appartenir aux bagues d'un babylonien.

» Vers minuit, au comble de la lassitude, je me couchai et je fis ce songe remarquable : un prêtre de Nippur, grand et mince, âgé d'environ quarante ans, me conduisit à la chambre du trésor du temple... une petite pièce, à plafond bas, sans fenêtres; des morceaux d'agate et de lapis-lazuli étaient éparpillés sur le sol. Le prêtre me dit : « Les deux fragments que vous avez publiés séparément aux pages 22 et 26 vont ensemble et ce ne sont point des bagues... Les deux premières bagues servirent de boucles d'oreilles à la statue du dieu; les deux fragments (que vous avez)... en sont des parties. Si vous les mettez ensemble, vous aurez confirmation de mes paroles !... Je m'éveillai immédiatement... J'examinai les fragments... à mon étonnement je vis que mon rêve se vérifiait. Le problème trouvait enfin sa solution. »

Ceci démontre clairement la manifestation créatrice du subconscient de ce savant qui connaissait la réponse à tous ses problèmes.

## *Comment le subconscient travaillait au profit d'un écrivain célèbre tandis qu'il dormait*

Robert Louis Stevenson dans un de ses livres, *Across the plains* (A travers les plaines), consacre tout un chapitre aux rêves. Il faisait des rêves très vivants et avait l'habitude persistante de donner des instructions spécifiques à son subconscient chaque soir avant de s'endormir. Il lui demandait de lui suggérer des contes tandis qu'il dormait. Par exemple, si ses fonds étaient bas il commandait à son subconscient quelque chose comme ceci : « Donne-moi un bon roman d'aventures qui soit commercialement profitable ». Son subconscient répondait magnifiquement.

Stevenson dit : « Ces petites fées (l'intelligence et les puissances de son subconscient) peuvent me donner une histoire, pièce par pièce, comme un feuilleton et me maintenir moi, l'auteur supposé, dans l'ignorance totale du dénouement ». Et il ajouta : « Cette partie de mon travail qui s'accomplit lorsque je suis levé (tandis qu'il est consciemment éveillé) n'est pas du tout nécessairement mien, car tout indique que les fées m'accompagnent même alors ».

## *Dormez en paix et réveillez-vous dans la joie*

Ceux qui souffrent d'insomnie trouveront la prière souvent très efficace. Répétez-la lentement, tranquillement, avec amour, avant de dormir : « Mes orteils sont détendus, mes chevilles sont détendues, mes muscles abdominaux sont détendus, mon cœur et mes poumons sont détendus, mes mains et mes bras sont détendus, mon cou est détendu, mon cerveau est détendu, mon visage est détendu, mes yeux sont détendus, tout mon esprit et tout mon corps sont détendus. Je pardonne à tous pleinement et librement et, sincèrement, je souhaite pour tous l'harmonie, la santé, la paix et toutes les bénédictions de la vie. Je suis en paix, je suis équilibré, serein et calme. Je me repose dans la sécurité et dans la paix. Un grand silence m'enveloppe et un grand calme tranquillise tout mon être tandis que je prends conscience de la Présence Divine qui est en moi. Je sais que la réalisation de la vie et de l'amour me guérit. Je m'enveloppe dans le manteau de l'amour et je m'endors tout rempli de bonne volonté envers tous. Toute la nuit, la paix demeure en moi et au matin je serai rempli de vie et d'amour. Un cercle d'amour est tracé autour de moi. *Je ne crains aucun mal, car Tu es avec moi.* Je dors en paix. Je m'éveille dans la joie, et *en Lui j'ai la vie, le mouvement et l'être* ».

## *Sommaire pour profiter des merveilles du sommeil*

1. Si vous vous inquiétez de ne pas vous réveiller à l'heure, suggérez à votre subconscient, avant de vous endormir, l'heure exacte à laquelle vous désirez vous lever; il vous réveillera. Il n'a pas besoin de pendule. Faites de même pour tous vos problèmes. Rien n'est trop difficile pour votre subconscient.

2. Votre subconscient ne dort jamais. Il est sans cesse à l'œuvre. Il contrôle toutes vos fonctions vitales. Pardonnez-vous à vous-même et pardonnez à tous avant de vous endormir, la guérison aura lieu beaucoup plus rapidement.

3. Les directives sont données tandis que vous dormez, parfois en rêve. Les courants curatifs sont aussi libérés et au matin vous vous sentez reposé et rajeuni.

4. Lorsque vous êtes en proie aux vexations et aux luttes de la journée, tranquillisez les rouages de votre esprit et pensez à la sagesse et à l'intelligence logées dans votre subconscient, qui est toujours prêt à vous répondre. Cela vous donnera la paix, la force et la confiance.

5. Le sommeil est essentiel à la paix de l'esprit et à la santé du corps. Le manque de sommeil peut causer l'irritation, la dépression et les désordres mentaux. Il vous faut huit heures de sommeil.

6. Les savants en recherche médicale enseignent que l'insomnie précède les dépressions psychopathiques.

7. Pendant le sommeil vous êtes rechargé spirituellement. Le sommeil suffisant est essentiel à la vitalité et à la joie de vivre.

8. Votre cerveau fatigué a si faim de sommeil qu'il sacrifiera tout pour l'obtenir. Ceux qui se sont endormis au volant d'une voiture l'attesteront.

9. Beaucoup de personnes privées de sommeil ont mauvaise mémoire et manquent de coordination convenable. Elles sont ahuries, confuses et désorientées.

10. Le sommeil porte conseil. Avant de vous endormir, affirmez que l'intelligence infinie de votre subconscient vous dirige et vous guide. Puis soyez à l'écoute de la *direction* qui viendra, peut-être au réveil.

11. Ayez absolument confiance en votre subconscient. Sachez bien que sa tendance est vers la vie. Parfois il vous répond dans un rêve très vivant, une

vision de la nuit. Vous pouvez être prévenu dans un rêve tout comme le fut l'auteur de ce livre.

12. Votre avenir est dans votre esprit dès à présent, il a pour base votre pensée, vos croyances habituelles. Affirmez que l'intelligence infinie vous dirige et vous guide et que tout bien est vôtre, votre avenir sera merveilleux. Croyez-le et acceptez-le. Attendez-vous au meilleur, invariablement le meilleur vous viendra.

13. Si vous écrivez un roman, une pièce de théâtre, un livre, si vous travaillez à une invention, parlez à votre subconscient le soir et affirmez hardiment que sa sagesse, son intelligence et sa puissance vous guident, vous dirigent et vous révèlent la pièce idéale, le roman, le livre ou la solution parfaite dont vous avez besoin. Les merveilles se produiront tandis que vous prierez ainsi.

CHAPITRE XIV

# Votre subconscient et les problèmes conjugaux

L'ignorance des fonctions et puissances de l'esprit est la cause de tous les conflits conjugaux. La friction entre mari et femme peut être résolue si l'un et l'autre se servent correctement de la loi de l'esprit. En priant ensemble ils restent ensemble. La contemplation des idéaux divins, l'étude des lois de la vie, l'accord sur un plan, sur un but commun et la jouissance de la liberté personnelle donne ce mariage harmonieux, cette joie conjugale, ce sentiment d'unité dans lequel deux êtres ne font qu'un.

Le meilleur moment d'empêcher le divorce, c'est avant le mariage. Il n'est pas répréhensible d'essayer de sortir d'une mauvais situation. Mais pourquoi se mettre dans une mauvaise situation ? Ne vaudrait-il pas mieux donner son attention à la véritable cause des problèmes conjugaux, autrement dit d'atteindre la racine même du mal ?

Comme dans tous les autres problèmes humains, ceux du divorce, de la séparation, de l'annulation avec ses interminables litiges sont en fonction directe de l'ignorance des rapports et de l'action de l'esprit conscient et subconscient.

## *La signification du mariage*

Pour être vrai le mariage doit d'abord avoir une base spirituelle. Il faut qu'il soit basé sur le cœur, le cœur calice de l'amour. L'honnêteté, la sincérité, la bonté et l'intégrité sont aussi des formes de l'amour. Chacun des partenaires devrait être parfaitement honnête et sincère envers l'autre. Ce n'est point un véritable mariage que celui par lequel un homme épouse une femme par vanité, ou bien pour son argent, ou sa position sociale, car cela indique un manque de sincérité, de probité et de véritable amour. Un tel mariage est une attrape, une mascarade.

Lorsqu'une femme dit : « Je suis fatiguée de travailler. Je veux me marier pour être en sécurité », ses prémisses sont fausses. Elle ne se sert pas correctement des lois de l'esprit. Sa sécurité dépend en réalité de sa connaissance de l'interaction entre son esprit conscient et subconscient et de son application.

Par exemple, une femme ne manquera jamais ni d'abondance ni de santé si elle applique les techniques indiquées dans les différents chapitres de ce livre. Son abondance, sa fortune peuvent lui venir indépendamment de son mari, de son père ou de quiconque. Une femme ne dépend point de son mari pour la santé, la paix, la joie, l'inspiration, les directives, l'affection, la richesse, la sécurité, le bonheur ni pour quoi que ce soit au monde. Sa sécurité et la paix de son esprit proviennent de sa connaissance des pouvoirs qui sont en elle et de l'emploi constant et constructif des lois de son propre esprit.

## *Comment attirer le mari idéal*

Vous connaissez à présent la façon dont agit votre subconscient. Vous savez que tout ce que vous imprimez sur lui va s'exprimer dans votre univers. Commencez donc à impressionner votre subconscient avec les qualités et les caractéristiques que vous désirez chez un homme.

Voici une excellente technique. Asseyez-vous le soir dans votre fauteuil, fermez les yeux, détendez votre corps, tranquillisez-vous, soyez passive et réceptive. Parlez à votre subconscient et dites-lui : « Je m'attire maintenant un homme qui est honnête, sincère, loyal, fidèle, paisible, heureux et prospère. Ces qualités que j'admire pénètrent à présent dans mon subconscient. Tandis que je médite sur ces caractéristiques, elles se mettent à vivre en moi et s'incarnent subconsciemment.

» Je sais qu'une irrésistible loi d'attraction existe et que je m'attire un homme selon ma croyance subconsciente. Je m'attire ce que je sens être vrai dans mon subconscient.

» Je sais que je peux contribuer à la paix et au bonheur de cet homme. Il aime mes idéaux et j'aime les siens. Il ne cherche pas plus à me changer que je ne souhaite le changer. Il y a entre nous l'amour, la liberté et le respect mutuels ».

Pratiquez ce processus d'imprégnation de votre subconscient. Alors, vous aurez la joie de vous attirer un homme qui possède les qualités et les caractéristiques sur lesquelles vous avez médité. Votre intelligence subconsciente vous ouvrira une voie, vous vous y rencontrerez en vertu du courant irrésistible et inchangeable de votre subconscient. Ayez le désir profond de donner le meilleur qui est en vous, l'amour, le dévouement, la coopération. Soyez réceptive à ce don de l'amour que vous avez transmis à votre subconscient.

## *Comment attirer la femme idéale*

Affirmez ce qui suit : Je m'attire à présent la femme qui est en accord complet avec moi. C'est une union spirituelle parce que l'amour divin agit à travers la personnalité de celle avec laquelle je m'accorde parfaitement. Je sais que je peux donner à cette femme l'amour, la lumière, la paix et la joie. Je sens et je crois que je peux lui donner une vie pleine, complète et merveilleuse.

» Je décrète à présent qu'elle possède les qualités et les attributs suivants : elle est spirituellement éclairée, loyale, fidèle et vraie. Elle est harmonieuse, paisible et d'un caractère heureux. Nous sommes irrésistiblement attirés l'un vers l'autre. Seul ce qui appartient à l'amour, à la vérité et à la beauté entre dans ma vie. J'accepte à présent ma compagne idéale ».

Tandis que vous méditez tranquillement et avec intérêt sur les qualités et les attributs que vous admirez dans la compagne que vous cherchez, vous en construisez l'équivalence mentale en votre subconscient. Les courants profonds de votre subconscient vont vous réunir dans l'ordre divin.

## *Pas besoin d'une troisième erreur*

Récemment une femme professeur me dit : « J'ai eu trois maris et tous ont été passifs, soumis, s'en remettant à moi pour toutes les décisions à prendre et pour tout gouverner. Pourquoi est-ce que j'attire ce type d'hommes ? » Je lui demandai si elle avait su, avant de l'épouser, que son second mari était du type efféminé et elle me répondit : « Bien sûr que non. Si je l'avais su, je ne l'aurais pas épousé. » Apparemment, cette femme n'avait rien appris de sa première erreur. Le mal venait de sa propre personnalité. Elle était très masculine, d'esprit dominateur et, inconsciemment, elle voulait quelqu'un qui fût soumis et passif afin de pouvoir jouer le rôle dominant. Tout ceci était une motivation inconsciente et son image subconsciente lui avait attiré ce que, subjectivement, elle souhaitait. Elle devait apprendre à briser ce prototype en adoptant le processus de prière convenable.

## *Comment elle brisa le prototype négatif*

Cette dame apprit une vérité toute simple. Lorsque vous croyez que vous pouvez rencontrer le type d'homme — ou de femme — que vous idéalisez, il vous est fait selon votre foi. Voici la prière spécifique dont cette personne usa pour briser l'ancien prototype subconscient et s'attirer le compagnon idéal. « Je construis dans ma mentalité le type d'homme que je désire profondément. L'homme que je m'attire pour mari est fort, puissant, aimant, très masculin, prospère, honnête, loyal et fidèle. Il trouve en moi l'amour et le bonheur et moi j'aime à le suivre là où il me conduit.

» Je sais qu'il m'attend comme je l'attends. Je suis honnête, sincère, aimante et bonne. J'ai de merveilleux dons à lui offrir, ce sont la bonne volonté, un cœur joyeux et un corps sain. Il m'offre les mêmes avantages. Cela est mutuel. Je donne et je reçois. L'intelligence divine sait où cet homme se trouve et la sagesse profonde de mon subconscient nous réunit à sa manière et nous nous reconnaissons immédiatement. Je remets cette requête à mon esprit subconscient qui sait comment la manifester et je rends grâce pour la réponse parfaite. »

Elle pria ainsi matin et soir, affirmant ces vérités, sachant que, par leur fréquente occupation de son esprit, elle atteindrait à l'équivalence mentale de ce qu'elle cherchait.

## *La réponse à sa prière*

Plusieurs mois passèrent. Elle sortait beaucoup et rencontra beaucoup d'hommes, mais aucun ne lui plut. Lorsqu'elle était tentée de remettre son affaire en question, de vaciller, elle se rappelait que l'intelligence infinie accomplissait sa requête et qu'il n'y avait point lieu de s'inquiéter. Son divorce fut prononcé, ce qui lui donna un grand sentiment de libération et de liberté mentale.

Peu après, quittant l'enseignement, elle devint « réceptionniste » chez un médecin. Elle me dit par la suite que dès l'instant où elle le vit elle le reconnut comme étant celui pour lequel elle priait. Apparemment il eut la même impression, car il lui demanda de l'épouser au cours de la première semaine de son entrée chez lui. Leur mariage fut idéalement heureux. Ce médecin n'était pas du genre soumis et passif mais, au contraire, très masculin, ancien joueur de football, athlète complet et, néanmoins, d'une haute spiritualité bien que complètement éloigné de tout sectarisme et n'appartenant à aucune religion.

Cette dame obtint ce qu'elle souhaitait parce qu'elle l'affirma mentalement jusqu'à ce qu'elle eût atteint le point de saturation. En d'autres termes, elle unit son idée mentalement et émotionnellement, au point que cette idée devint une partie d'elle-même, tout comme une pomme que l'on absorbe devient une partie de notre sang.

## *Dois-je divorcer ?*

Le divorce est un problème individuel. Il ne peut être généralisé. Dans certains cas, bien entendu, il n'aurait jamais dû y avoir mariage. Dans d'autres, le divorce n'est pas la solution convenable, pas plus que le mariage n'est toujours celle qui convient à un homme solitaire. Le divorce peut être bon pour une personne et mauvais pour une autre. Une femme divorcée peut être infiniment plus sincère et plus noble que celle qui vit un mensonge.

Par exemple, j'ai connu une femme dont le mari était toxicomane, repris de justice, brutal et qui ne s'occupait de sa femme que pour la maltraiter. On avait dit à celle-ci que le divorce était condamnable. Je lui expliquai que le mariage se fait dans le cœur. Si deux cœurs se fondent harmonieusement dans l'amour et la sincérité, c'est le mariage idéal.

A la suite de cette observation, cette dame comprit ce qu'elle avait à faire. Elle savait en son cœur qu'aucune loi divine ne la contraignait à être brutalisée, intimidée, bafouée parce qu'on l'avait mariée en disant : « Je vous déclare unis par les liens du mariage ».

Si vous doutez de ce que vous devez faire, demandez des directives intérieures, sachant que la réponse vient toujours, et vous la recevrez. Suivez cette direction qui vous vient dans le silence de votre âme. Elle vous parle dans la paix.

## *Dériver vers le divorce*

Récemment, je vis un jeune couple, marié depuis quelques mois seulement, qui voulait divorcer. Je découvris que le jeune homme vivait dans la crainte constante que sa femme ne le quitte. Il s'attendait à être délaissé et il croyait que sa femme lui serait infidèle. Ces pensées hantaient son esprit, il en était obsédé. Son attitude mentale était donc celle de la séparation et de la suspicion. De son côté, sa femme sentait qu'elle n'était plus à l'unisson ; le sentiment de son mari, l'atmosphère qu'il créait, agissaient sur eux deux. Il en

résultait un état de fait conforme au prototype mental. Nous l'avons dit, il y a une loi d'action-réaction, c'est-à-dire de cause à effet. La pensée est l'action, la réponse du subconscient est la réaction.
La jeune femme quitta le foyer et demanda le divorce, c'était précisément ce que son mari redoutait et attendait.

## *Le divorce commence dans l'esprit*

Le divorce s'accomplit d'abord dans l'esprit, la procédure judiciaire suit. Ces deux jeunes gens étaient pleins de ressentiment, de crainte, de suspicion et de colère l'un envers l'autre. Ces attitudes d'esprit affaiblissent, épuisent et débilitent l'être tout entier. Ils avaient à apprendre que la haine divise et que l'amour unit. Ces jeunes gens commencèrent à comprendre ce qu'ils avaient fait dans leur esprit. Ni l'un ni l'autre ne connaissait la loi de l'action mentale, ils mésusaient donc de leur esprit et s'attiraient le désordre et la souffrance. Suivant mes conseils, ils se remirent à vivre ensemble et à expérimenter la thérapeutique de la prière.
Ils commencèrent à irradier l'amour, la paix et la bonne volonté l'un envers l'autre. Chacun projeta envers son conjoint l'harmonie, la santé, la paix et l'amour, et chaque soir, alternativement, ils faisaient la lecture des Psaumes. Le mariage s'épanouit de jour en jour.

## *La femme querelleuse*

Bien souvent la femme est acariâtre parce qu'elle est négligée. Bien souvent son irritabilité exprime son profond besoin d'être aimée, de recevoir des marques d'affection. Il faut louer, exalter toutes ses qualités. Il y a aussi celle qui veut que son mari soit conforme à son modèle particulier; c'est le plus sûr moyen de le perdre.
Il faut que les époux se gardent de toujours relever les petites fautes et erreurs de l'autre. Il faut que chacun donne à l'autre son attention et loue ses qualités constructives et merveilleuses.

## *Le mari boudeur*

L'homme qui est sombre, qui ressasse tout ce que sa femme a dit ou a fait commet, psychologiquement parlant, l'adultère. Une des significations de l'adultère est l'idôlatrie, c'est-à-dire le fait de prêter attention, de s'unir mentalement à ce qui est négatif et destructeur. Lorsqu'un homme nourrit silencieusement contre sa femme un ressentiment, lorsqu'il est plein d'hostilité envers elle, il lui est infidèle. Il n'est pas fidèle aux promesses du mariage selon lesquelles il s'est engagé à l'aimer, à la chérir et à l'honorer tous les jours de sa vie.

L'homme qui est sombre, amer, plein de ressentiment, peut mettre un terme à ses réflexions mordantes, il peut maîtriser sa colère et prendre la peine d'être envers sa femme plein de considération, de bonté et de courtoisie. Par la prière et l'effort mental il peut se dégager de son attitude antagoniste. En conséquence, il sera à même de s'entendre mieux, non seulement avec sa femme mais aussi avec ses relations d'affaires. Adoptez une attitude harmonieuse, vous ne tarderez pas à trouver la paix et l'harmonie.

## *La grande erreur*

C'est une grande erreur que de parler de vos problèmes conjugaux ou de vos difficultés avec vos voisins et vos parents. Supposons, par exemple, qu'une femme dise à une amie : « John ne me donne jamais d'argent. Il est odieux avec ma mère, boit à l'excès et il est constamment désagréable et offensant ».

Cette femme abaisse son mari aux yeux de tout le voisinage et de sa famille. Il ne leur apparaît plus comme le mari idéal. Ne discutez jamais de vos problèmes conjugaux avec quiconque, sauf avec un conseiller qualifié. Pourquoi faire en sorte que beaucoup de personnes aient des idées négatives à propos de votre mariage ? De plus, en parlant des défauts de votre mari, vous créez ces états en vous-même. Qui donc les pense et les ressent si ce n'est vous ! Et vous êtes tel que vous pensez et sentez.

La famille vous donnera habituellement des conseils néfastes. Son avis est en général basé sur les préjugés parce qu'il n'est pas impersonnel. Tout avis qui vous est donné et qui ne correspond pas à la règle d'or [13], qui est une loi cosmique, n'est ni bon ni sûr.

Il est bon de se rappeler que deux êtres humains n'ont jamais vécu sous le même toit sans qu'il se soit produit des conflits de tempérament, des périodes de peine et de tension. Ne montrez jamais le côté malheureux de votre mariage à vos amis. Gardez pour vous vos querelles. Abstenez-vous de la critique et de la condamnation de votre compagnon.

[13] « Faites à autrui ce que vous voudriez qu'il vous fît ». N.T.

## *N'essayez pas de transformer votre femme*

Un mari ne doit pas s'efforcer de transformer sa femme en une seconde édition de lui-même. Cela serait contraire à sa nature et toujours insensé; il en résulte souvent la dissolution du mariage. Ces efforts pour transformer l'épouse font atteinte à sa fierté et à son estime d'elle-même, ils éveillent un esprit de contrariété et de ressentiment qui sont néfastes au mariage.
Il faut, bien entendu, procéder à quelques adaptations, mais si vous regardez bien en vous-même, si vous analysez votre caractère et votre comportement, vous vous trouverez tant de défauts qu'ils vous occuperont pour le reste de votre vie. Si vous maintenez l'attitude qui consiste à penser : « Je vais le changer comme je le souhaite ». Il vous faudra apprendre par l'épreuve qu'il n'y a personne à changer si ce n'est vous-même.

## *Priez ensemble et restez ensemble en faisant des pas dans la prière*

*Le premier pas :* Ne reportez pas d'un jour sur l'autre les irritations accumulées qui naissent des petites déceptions. Ayez soin de vous pardonner mutuellement, avant de vous endormir, toute acrimonie. Dès que vous vous éveillez le matin, déclarez que l'intelligence infinie vous dirige dans toutes vos voies. Envoyez des pensées de paix, d'harmonie et d'amour à votre partenaire dans le mariage, à tous les membres de la famille, au monde entier.
*Le second pas :* Dites le Benedicite au petit déjeuner. Rendez grâce pour la nourriture, pour votre abondance et pour toutes vos bénédictions. Faites en sorte que nul problème, aucun ennui, aucune discussion ne troublent la conversation; il en va de même pour les autres repas. Dites à votre femme, ou à votre mari : « J'apprécie tout ce que tu fais et j'irradie vers toi, tout au long du jour, l'amour et la bonne volonté ».
*Le troisième pas :* Le mari et la femme devraient prier alternativement chaque soir. Ne prenez pas votre partenaire pour votre propriété; montrez-lui votre estime et votre tendresse. Manifestez plutôt l'appréciation et la bonne volonté que la condamnation, la critique et la querelle. Pour construire un foyer paisible, un mariage heureux, il faut le fonder sur l'amour, la beauté, l'harmonie, le respect mutuel, la foi en Dieu et en toutes bonnes choses. Lisez les Psaumes 23, 27 et 91, le onzième chapitre de l'Epitre aux Hébreux, le treizième de la première Epître aux Corinthiens et les autres grands écrits de la Bible avant de vous endormir. En pratiquant ces vérités, votre mariage sera de plus en plus heureux et béni d'année en année.

## *Passez vos actes en revue*

1. L'ignorance des lois mentales et spirituelles est la cause de tous les malheurs conjugaux. En priant scientifiquement ensemble vous resterez ensemble.

2. Le meilleur moment pour éviter le divorce est avant le mariage. Si vous apprenez à prier convenablement, vous vous attirerez le compagnon ou la compagne qu'il vous faut.

3. Le véritable mariage est l'union d'un homme et d'une femme qui sont liés par l'amour.

4. Le mariage n'est pas en soi source de bonheur. Le bonheur se trouve en méditant sur les vérités éternelles de Dieu et sur les valeurs spirituelles de la vie. C'est alors que l'homme et la femme peuvent contribuer au bonheur l'un de l'autre.

5. Vous vous attirez le compagnon, la compagne que vous souhaitez en méditant sur les qualités et sur les caractéristiques que vous admirez chez un homme, ou chez une femme, c'est alors que votre subconscient vous mènera l'un vers l'autre dans l'ordre divin.

6. Il faut établir dans votre mentalité l'équivalence mentale de ce que vous voulez trouver dans votre partenaire conjugal. Si vous voulez vous attirer celui, celle qui sera l'associé honnête, sincère et aimant de votre vie, il faut que vous soyez vous-même, honnête, sincère et aimant.

7. Vous n'êtes point forcé de répéter vos erreurs de mariage. Lorsque vous croyez vraiment que vous pouvez rencontrer le type d'homme ou de femme que vous idéalisez, il vous est fait selon votre foi. Croire c'est accepter quelque chose comme vrai. Acceptez donc dès à présent mentalement votre compagne, votre compagnon idéal.

8. Ne vous demandez pas comment, pourquoi ni où vous allez rencontrer l'épouse ou l'époux pour lequel vous priez. Faites implicitement confiance à votre subconscient. Il sait ce qu'il convient de faire, vous n'avez pas à l'aider.

9. Vous êtes divorcé mentalement lorsque vous vous complaisez envers votre partenaire conjugal dans le ressentiment, la mauvaise volonté et l'hostilité. Car vous demeurez mentalement dans l'erreur. Soyez fidèle aux promesses de votre mariage : « Je promets de le (ou de la) chérir, de l'aimer et de l'honorer tous les jours de ma vie ».

10. Cessez de projeter envers votre partenaire conjugal des prototypes de crainte. Projetez l'amour, la paix, l'harmonie et la bonne volonté, votre mariage deviendra de plus en plus merveilleux au cours des années.

11. Irradiez l'amour, la paix et la bonne volonté l'un envers l'autre. Ces vibrations sont absorbées par le subconscient et il en résulte la confiance mutuelle, l'affection et le respect.

12. Une femme querelleuse recherche habituellement l'attention et l'appréciation. Elle aspire à la tendresse, à l'affection. Appréciez et louez ses nombreuses qualités. Montrez-lui que vous l'aimez et l'appréciez.

13. L'homme qui aime sa femme ne fait rien envers elle qui soit contraire à l'amour et à la bonté, ni en paroles ni en action. L'amour ne faiblit jamais.

14. En matière de problèmes conjugaux recherchez les conseils qualifiés. Vous n'iriez pas chercher un charpentier pour extraire une dent; n'allez pas discuter de vos problèmes matrimoniaux avec les membres de votre famille ni avec vos amis. Allez consulter un conseiller qualifié.

15. N'essayez jamais de transformer votre femme, ou votre mari. Ces essais sont toujours insensés et tendent à détruire la fierté et l'estime de soi. De plus, cela provoque un ressentiment fatal au lien conjugal. Cessez d'essayer de faire de votre conjoint une seconde édition de vous-même.

16. Priez ensemble, vous resterez ensemble. La prière scientifique résout tous les problèmes. Ayez l'image mentale de votre femme telle qu'elle devrait être, c'est-à-dire joyeuse, en pleine santé, belle. Voyez votre mari comme il devrait être, fort, puissant, aimant, harmonieux et bon. Maintenez cette image mentale et vous ferez l'expérience d'un mariage fait au ciel où règne l'harmonie et la paix.

CHAPITRE XV

# Le subconscient et votre bonheur

William James, père de la psychologie américaine, a dit que la plus grande découverte du dix-neuvième siècle n'a pas été faite dans le domaine de la science physique. La plus grande découverte est celle de la puissance du subconscient touché par la foi. Chaque être humain possède ce réservoir de puissance illimitée qui peut surmonter tous les problèmes.

Le bonheur véritable et durable entrera dans votre vie le jour où vous parviendrez à la claire réalisation de votre pouvoir de surmonter toute faiblesse — le jour où vous comprendrez que votre subconscient peut résoudre vos problèmes, guérir votre corps et vous donner une prospérité qui dépasse vos rêves les plus chers.

Il se peut que vous vous soyez senti très heureux à la naissance de votre enfant, lorsque vous vous êtes marié, lorsque vous avez reçu à l'Université votre diplôme ou lorsque vous avez gagné une grande victoire, un prix envié. Vous avez peut-être éprouvé aussi le bonheur lorsque vous vous êtes fiancé à la plus charmante fille du monde, à l'homme le plus distingué. Vous pourriez sans doute établir une liste interminable des événements qui vous ont rendu heureux. Cependant, si merveilleux qu'ils aient été, ils ne vous ont pas donné le bonheur durable — ils sont transitoires.

Dans le livre des Proverbes, la Bible dit : *Quiconque se confie à l'Eternel, celui-là est heureux.* Lorsque vous ferez confiance à l'Eternel (la puissance et la sagesse de votre subconscient) pour vous diriger, vous guider, vous gouverner dans toutes vos voies, vous deviendrez équilibré, serein et détendu. Tandis que vous projetterez l'amour, la paix et la bonne volonté envers tous les êtres, vous construirez une superstructure de bonheur pour tous les jours de votre vie.

## *Il faut choisir le bonheur*

Le bonheur est un état d'esprit. La Bible dit : *Choisissez aujourd'hui qui vous voulez servir.* Vous êtes libre de choisir le bonheur. Cela peut sembler extraordinairement simple et c'est bien ainsi. C'est peut-être pourquoi les gens trébuchent sur le chemin du bonheur; ils ne voient pas la simplicité de la clé du bonheur. Les grandes choses de la vie sont simples, dynamiques et créatrices. Elles produisent le bien-être et le bonheur.

Saint Paul vous révèle comment vous pouvez vous frayer votre chemin vers une vie de puissance et de bonheur dynamiques, dans ces mots : *Finalement mes frères, que toutes les choses vraies, toutes les choses honnêtes, toutes les choses justes, toute les choses pures, toutes les choses belles, toutes celles qui sont de bon aloi, vertueuses et dignes de louanges soient l'objet de vos pensées. Phil. 4 : 8.*

## *Comment choisir le bonheur*

Commencez dès à présent à choisir le bonheur. Voici comment. Lorsque vous ouvrez les yeux le matin, dites-vous : « L'ordre divin prend soin de ma vie aujourd'hui et tous les jours. Tout concourt à mon bien aujourd'hui. C'est aujourd'hui un jour nouveau et merveilleux pour moi. Il n'y aura plus jamais un autre jour semblable à celui-ci. Je suis divinement guidé tout au long de la journée et tout ce que je ferai prospérera. L'amour divin m'entoure, m'enveloppe et j'avance dans la paix. Chaque fois que mon attention s'écartera de ce qui est bon et constructif, je la ramènerai immédiatement à la contemplation de ce qui est beau et bon. Je suis un aimant spirituel et mental, m'attirant toutes les choses qui seront pour moi des bénédictions et des sources de prospérité. Je vais merveilleusement réussir dans toutes mes entreprises aujourd'hui. Je vais être heureux toute la journée. »

Commencez de cette manière chaque jour; vous choisirez ainsi le bonheur, vous serez une personne radieusement heureuse.

## *Il fit du bonheur une habitude*

Il y a plusieurs années je passai une semaine dans une ferme à Connemarra sur la côte ouest d'Irlande. Le fermier chantait et sifflait constamment et il était plein d'humour. Je lui demandai le secret de son bonheur et il me répondit : « C'est mon habitude d'être heureux. Chaque matin quand je

m'éveille et chaque soir avant de m'endormir, je bénis ma famille, les semailles, le bétail et je bénis Dieu pour une merveilleuse moisson ».
Ce fermier avait pris cette habitude depuis plus de quarante ans. Comme vous le savez, les pensées que l'on entretient régulièrement et systématiquement s'enfoncent dans le subconscient et deviennent habituelles. Mon fermier avait découvert que le bonheur est une habitude.

## *Il faut désirer être heureux*

Il y a un point très important au sujet du bonheur. Il faut que vous *désiriez* sincèrement être heureux. Il y a des gens qui ont été déprimés, tristes et malheureux si longtemps que s'il leur advenait soudain de merveilleuses et joyeuses nouvelles, ils seraient tout à fait comme la femme qui me dit un jour : « Ce n'est pas bien d'être heureux ! ». Ils sont si accoutumés à de vieux prototypes mentaux qu'ils ne se sentent pas à l'aise d'être heureux ! Ils aspirent à leur ancien état déprimé, malheureux.
J'ai connu en Angleterre une femme qui avait des rhumatismes depuis des années. Elle caressait son genou en disant : « Mon rhumatisme va mal aujourd'hui. Je ne peux sortir. Mon rhumatisme me rend malade ».
Cette chère vieille dame s'attirait les attentions de son fils, de sa fille, de ses voisins. En réalité, elle voulait ses rhumatismes. Elle jouissait de « sa misère » comme elle disait. Cette femme-là ne voulait pas vraiment être heureuse.
Je lui suggérai un plan curatif, je lui écrivis des versets de la Bible et lui dis que si elle prêtait un peu d'attention à ces vérités, son attitude mentale changerait indubitablement, sa foi et sa confiance la rendraient à la santé. Cela ne l'intéressa pas. Il semble qu'il y ait chez beaucoup de personnes un courant mental morbide qui fait qu'elles sont contentes d'être malheureuses et tristes.

## *Pourquoi choisir d'être malheureux ?*

Beaucoup de personnes choisissent d'être malheureuses en entretenant les idées suivantes : « Aujourd'hui est un mauvais jour, tout va mal aujourd'hui », « Tout le monde est contre moi », « Les affaires vont mal et cela va empirer », « Je suis toujours en retard », « Je n'ai jamais le temps de souffler », « L'autre peut, mais pas moi ». Si vous avez cette attitude d'esprit dès le matin, vous allez vous attirer toutes ces expériences-là et vous allez être très malheureux.

Prenez conscience de ce que le monde dans lequel vous vivez est surtout déterminé par ce qui se passe dans votre esprit. Marc Aurèle, le grand philosophe romain, dit : « La vie d'un homme est ce que ses pensées la font ». Emerson, le grand philosophe américain, disait : « Un homme est ce qu'il pense toute la journée ». Les pensées que vous entretenez habituellement dans votre esprit ont tendance à se manifester physiquement.

Ayez soin de ne pas vous complaire en des pensées négatives, défaitistes, malveillantes, déprimantes. Rappelez-vous fréquemment que vous ne pouvez rien éprouver qui ne soit dans votre mentalité.

## *Si j'avais un million de dollars, je serais heureux*

J'ai rendu visite à beaucoup de malades d'institutions psychiatriques qui étaient millionnaires, mais tous insistaient pour dire qu'ils étaient pauvres, sans le sou. Ils étaient hospitalisés à cause de leurs tendances paranoïaques ou de manies dépressives. Par elle-même, la fortune ne vous rendra pas heureux. D'un autre côté la fortune n'empêche pas le bonheur. Il y a aujourd'hui quantité de personnes qui cherchent à acheter le bonheur par l'acquisition de postes de radio, de télévision, de voitures automobiles, de maisons de campagne, d'un yacht, d'une piscine, mais le bonheur ne peut ni s'acheter, ni se procurer de cette façon.

Le royaume du bonheur est dans votre pensée et dans votre sentiment. Trop de personnes ont l'idée qu'une chose artificielle peut produire le bonheur. Certains disent : « Si j'étais élu maire, promu président de mon organisme, directeur général de ma corporation, je serais heureux ».

La vérité est que le bonheur est un état mental, spirituel. Aucune des positions que nous avons citées ne donnera nécessairement le bonheur. Votre force, votre joie et votre bonheur consistent à découvrir la loi de l'ordre divin et de l'action juste logée dans votre subconscient et dans l'application de ces principes dans toutes les phases de votre vie.

## *Il vit que le bonheur est la moisson d'un esprit tranquille*

A San Francisco, il y a quelques années, je reçus un homme qui était très malheureux, très déprimé au sujet de ses affaires. Il était directeur général d'une firme et son cœur était plein de ressentiment envers son président et son vice-président. Il affirmait que ces deux hommes lui faisaient opposition.

A cause de ce conflit intérieur, les affaires de cette maison déclinaient, il ne touchait ni dividendes, ni gratifications.
Voici comment il résolut ce problème d'affaires. En tout premier lieu le matin, il affirma tranquillement ce qui suit : « Tous ceux qui travaillent dans notre firme sont honnêtes, sincères, coopérants, fidèles et pleins de bonne volonté envers tous. Ils sont des maillons mentaux et spirituels de la chaîne de la croissance, du bien-être et la prospérité de notre maison. J'irradie l'amour, la paix et la bonne volonté dans mes pensées, mes paroles et mes actes envers mes deux associés et envers tous ceux de notre compagnie. Le président et le vice-président sont divinemest dirigés dans toutes leurs entreprises. L'intelligence infinie de mon esprit prend à travers moi toutes les décisions. Toutes nos transactions sont faites par l'action juste, et seule l'action juste règne dans nos rapports personnels. J'envoie devant moi au bureau les messagers de paix, d'amour et de bonne volonté. La paix et l'harmonie règnent, suprêmes dans l'esprit et dans le cœur de tous, moi-même y compris. Je m'en vais à présent dans une journée nouvelle, plein de foi, de confiance absolue ».
Ce directeur répéta cette méditation lentement trois fois le matin, sentant bien la vérité de ce qu'il affirmait. Lorsque des pensées de crainte ou de colère assaillaient son esprit pendant la journée, il se disait : « La paix, l'harmonie et l'équilibre gouvernent à tout moment mon esprit ».
A mesure qu'il disciplinait ainsi son esprit, toutes les pensées néfastes cessèrent de se présenter et la paix envahit son esprit. Il ne tarda pas à faire sa moisson.
Plus tard il m'écrivit pour me dire qu'au bout de deux semaines de cette réorganisation de son esprit, le président et le vice-président l'avaient appelé pour louer ses activités et ses nouvelles idées constructives, ils avaient également dit qu'ils étaient heureux d'avoir un directeur général de sa qualité. Cet homme fut ravi de découvrir que le bonheur se trouve en nous-mêmes.

## *Le blocage n'est pas une réalité*

Il y a quelques années, je lus un article au sujet d'un cheval qui avait rué devant une souche qui se trouvait sur la route. Par la suite, chaque fois que ce cheval parvenait à cet endroit il ruait. Le fermier déterra la souche, il la brûla et nivela la route. Néanmoins, pendant vingt-cinq ans, chaque fois que le cheval passait devant l'endroit où s'était trouvée la souche, il ruait. Ce cheval ruait devant la mémoire de cette souche.
Il n'y a de blocage à votre bonheur que dans votre pensée et dans votre imagerie mentale. Est-ce la peur ou bien le souci qui vous retiennent ? La peur

n'est qu'une pensée. Vous pouvez la déterrer à l'instant même en lui supplantant la foi dans la réussite, l'accomplissement et la victoire sur tous les problèmes.

J'ai connu un homme qui avait fait faillite dans les affaires. Il me dit : « J'ai commis des erreurs. J'ai beaucoup appris. Je vais reprendre les affaires et je vais avoir un immense succès ». Cet homme-là avait regardé en face sa « souche ». Il ne gémit ni ne se répandit en plaintes, il déterra la souche de sa faillite et par la foi en ses pouvoirs intérieurs, il bannit toutes pensées de crainte et d'anciennes dépressions. Croyez en vous-même et vous réussirez et serez heureux.

## *Les gens les plus heureux*

L'homme le plus heureux est celui qui tire sans cesse ce qu'il a de meilleur et qui s'en sert. Les meilleurs ne sont pas seulement les plus heureux, mais les plus heureux sont habituellement les meilleurs dans l'art de vivre dans le succès. Dieu est ce qu'il y a de plus haut et de meilleur en vous. Exprimez davantage l'amour, la lumière, la vérité et la beauté de Dieu, vous serez parmi les gens les plus heureux du monde d'aujourd'hui.

Epictète, le philosophe stoïcien grec dit : « Il n'y a qu'une voie vers la tranquillité de l'esprit et le bonheur; que ceci soit donc toujours présent à ta pensée, lorsque tu t'éveilles au matin, pendant toute la journée et lorsque tu t'endors tard, c'est de ne point compter les choses extérieures comme étant tiennes mais de les remettre toutes à Dieu ».

## *Vers le bonheur*

1. William James dit que la plus grande découverte du dix-neuvième siècle fut celle de la puissance du subconscient touché par la foi.

2. Il y a en vous une puissance immense. Le bonheur vous viendra lorsque vous acquerrez une sublime confiance dans cette puissance. C'est alors que vous réaliserez vos rêves.

3. Vous pouvez avoir la victoire sur toutes les défaites et réaliser les désirs profonds de votre cœur par la merveilleuse puissance de votre esprit. Voilà quelle est la signification de ces paroles bibliques, *Quiconque se confie à l'Eternel* (fait confiance aux lois spirituelles du subconscient) *celui-là est heureux.*

4. Il faut que vous choisissiez le bonheur. Le bonheur est une habitude. C'est une bonne habitude que de méditer souvent sur *Toutes les choses véritables, toutes les choses honnêtes, toutes les choses justes, toutes les choses pures, toutes les choses belles, toutes les choses de bon aloi, vertueuses et dignes de louanges. Phil. 4 : 8.*

5. Lorsque vous ouvrez les yeux le matin, dites-vous : « Aujourd'hui je choisis le bonheur, aujourd'hui je choisis le succès. Je choisis aujourd'hui l'action juste. Je choisis aujourd'hui l'amour et la bonne volonté envers tous. je choisis aujourd'hui la paix ». Mettez la vie, l'amour et l'attention dans cette affirmation, vous aurez choisi le bonheur.

6. Rendez grâce pour toutes vos bénédictions plusieurs fois par jour. De plus priez pour la paix, le bonheur et la prospérité de tous les membres de votre famille, pour vos relations et pour tous les peuples.

7. Il faut que vous désiriez sincèrement être heureux. Rien ne s'accomplit sans désir. Le désir est un souhait dont les ailes sont l'imagination et la foi. Imaginez l'accomplissement de votre désir, sentez-en la réalité et vous le verrez s'accomplir. Le bonheur vient en exaucement de la prière.

8. En entretenant sans cesse des pensées de crainte, de souci, de colère, de haine et de faillite, vous vous rendez très malheureux et très déprimé. Souvenez-vous que votre vie est ce que vos pensées la font.

9. Avec tout l'argent du monde, vous ne pouvez acheter le bonheur. Certains millionnaires sont très heureux, d'autres très malheureux. Beaucoup de personnes qui ne possèdent pas beaucoup de biens de ce monde sont très heureuses et certaines sont très malheureuses. Certaines personnes mariées sont très heureuses, d'autres très malheureuses. Certains célibataires sont heureux, d'autres très malheureux. Le royaume du bonheur est dans votre pensée et dans votre sentiment.

10. Le bonheur est la moisson d'un esprit paisible. Ancrez vos pensées dans la paix, l'équilibre, la sécurité et les directives divines, votre esprit produira le bonheur.

11. Il n'y a point de blocage à votre bonheur. Les faits extérieurs ne sont point une cause, ce ne sont que des effets. Suivez le seul principe créateur qui est en vous. Votre pensée est causale et une nouvelle cause produit un nouvel effet. Choisissez le bonheur.

12. L'homme le plus heureux est celui qui tire de lui-même ce qu'il a de plus haut et de meilleur. Dieu est le meilleur et le plus haut en lui, car le royaume de Dieu est en nous.

CHAPITRE XVI

# Votre subconscient et les relations humaines harmonieuses

Vous apprenez, en étudiant ce livre, que votre subconscient est une machine à enregistrer qui reproduit tout ce que vous imprimez. C'est une des raisons d'appliquer la règle d'or dans les relations humaines.
Matthieu 7 : 12 dit : « *Faites à autrui ce que vous voudriez qu'il vous fasse* ». Cette citation a une signification extérieure et intérieure. Sa signification intérieure vous intéresse du point de vue de votre subconscient, la voici : Comme vous souhaitez que les hommes *pensent* à votre égard, pensez ainsi à leur endroit. Comme vous souhaitez que les hommes *sentent* à votre sujet, faites de même envers eux. Comme vous souhaitez que les hommes agissent envers vous, agissez de même envers eux.
Par exemple, vous pouvez être poli et courtois à l'égard de quelqu'un dans votre bureau, mais sitôt son dos tourné, vous êtes plein de critique et de ressentiment envers lui. De telles pensées négatives vous sont profondément néfastes. C'est comme si vous absorbiez du poison. En vérité, vous absorbez des poisons mentaux qui vous enlèvent la vitalité, l'enthousiasme, la force, les directives et la bonne volonté. Ces pensées, ces sentiments négatifs s'enfoncent dans votre subconscient et sont causes de toutes sortes de difficultés et de maladie dans votre vie.

## *La clé des relations heureuses avec autrui*

*Ne jugez point, afin de n'être pas jugé. Car, on vous jugera et on se servira pour vous de la mesure dont vous vous serez servi* ». Matthieu 7 : 1-2.
L'étude de ces versets et l'application des vérités profondes qu'ils contiennent sont la clé des relations harmonieuses. Juger c'est penser, c'est parvenir à un verdict mental, c'est-à-dire à une conclusion dans votre esprit. La pensée que vous entretenez au sujet d'une autre personne est votre pensée,

c'est vous qui la pensez. Or, vos pensées sont créatrices, par conséquent vous créez dans votre propre expérience ce que vous pensez et sentez envers l'autre personne. Il est également vrai que la suggestion que vous faites à un autre, vous vous la faites à vous-même puisque votre esprit est un agent créateur. Voilà pourquoi il nous a été dit : *Car comme vous jugerez on vous jugera.* Lorsque vous connaissez cette loi et la façon dont votre subconscient agit, vous prenez soin de penser, de sentir, et d'agir bien envers autrui. Ces versets vous enseignent l'émancipation de l'homme et vous révèlent la solution de vos problèmes individuels.

## *On se servira pour vous de la mesure dont vous vous serez servi*

Le bien que vous faites aux autres vous revient dans la même mesure; et le mal que vous leur faites vous revient en vertu de la loi de votre propre esprit. L'homme qui trompe et qui dépouille son semblable se trompe et se dépouille lui-même, en fait. Son sentiment de culpabilité et de perte va lui attirer, à un moment quelconque, la perte, d'une façon ou d'une autre. Son subconscient enregistre son acte mental et réagit selon l'intention mentale, le mobile.

Votre subconscient est impersonnel et inchangeable, il ne considère ni les personnes, ni ne respecte les affiliations religieuses ou les institutions quelles qu'elles soient. Il n'a ni compassion ni vindicte. La façon dont vous pensez, sentez, agissez envers les autres, finit par vous revenir.

## *Les manchettes de journaux le rendaient malade*

Commencez dès maintenant à vous observer. Observez vos réactions vis-à-vis des gens par rapport aux circonstances. Comment réagissez-vous aux événements et aux nouvelles du jour ? Peu importe que tous les autres aient tort et que vous seul ayez raison. Si les nouvelles vous perturbent, c'est vous qui avez mal parce que vos émotions négatives vous ôtent la paix et l'harmonie.

Une dame m'écrivit au sujet de son mari, me disant qu'il se mettait dans de véritables rages en lisant ce qu'écrivent certains journalistes. Elle ajoutait que ces accès constants de colère, sa rage réprimée avaient eu pour résultat des ulcères hémorragiques et que son médecin conseillait un reconditionnement émotionnel.

J'invitai cet homme à venir me voir et lui expliquai la façon dont son esprit fonctionne, lui indiquant à quel point c'était manquer de maturité émotionnelle que de se mettre en colère quand d'autres écrivent des articles qu'il désapprouve ou avec lesquels il n'est pas d'accord.

Il se mit à comprendre qu'il devait reconnaître aux journalistes la liberté de s'exprimer même s'ils étaient en désaccord avec lui sur le plan politique, religieux ou en toute autre matière. De même, les journalistes ne l'empêchaient pas d'écrire à leur journal pour exprimer sa désapprobation avec leurs écrits. Mon visiteur s'éveilla à cette vérité simple : ce n'est jamais ce que dit ou fait autrui qui nous affecte, mais c'est notre réaction à ce qui est dit ou fait qui est importante.

Cette explication donna la guérison à cet homme et il comprit qu'avec un peu de pratique il serait à même de maîtriser ces fureurs matinales. Plus tard, sa femme me dit qu'il rit à présent de lui-même et aussi de ce qu'écrivent les journalistes. Ils n'ont plus le pouvoir de le perturber, de l'irriter et ses ulcères ont disparu à cause de son équilibre émotionnel et de sa sérénité.

## *Je déteste les femmes, mais j'aime les hommes*

Une secrétaire de direction était pleine d'amertume envers certaines jeunes filles de son bureau qui, disait-elle, répandaient à son sujet des bavardages et d'odieux mensonges. Elle admettait ne pas aimer les femmes, disant : « Je déteste les femmes, mais j'aime les hommes ». Je découvris également qu'elle parlait avec hauteur, d'une façon impérieuse et d'une voix irritée à ces jeunes personnes. Elle me dit qu'elles se complaisaient à lui rendre la vie difficile. Il y avait dans sa façon de parler une certaine suffisance et je vis bien que le ton de sa voix blessait ceux auxquels elle s'adressait.

Si tous les gens de votre bureau ou de votre usine vous agacent, n'est-il pas possible que la vibration, la perturbation soient dues à quelque concept mental, à quelque projection mentale que vous projetez sans vous en rendre compte ? Nous savons qu'un chien va réagir avec férocité si vous détestez ou craignez les chiens. Les animaux perçoivent vos vibrations subconscientes et ils réagissent en conséquence. Beaucoup d'être humains indisciplinés sont tout aussi sensitifs que les chiens, les chats et les autres animaux.

Je suggérai à cette secrétaire qui détestait les femmes un processus de prière, lui expliquant que lorsqu'elle se mettrait à s'identifier aux valeurs spirituelles et à affirmer les vérités de la vie, sa voix, ses manières se transformeraient et sa haine des femmes disparaîtrait complètement. Elle fut surprise d'apprendre que l'émotion de la haine est perceptible dans le langage, les actes, les écrits de celui qui hait et dans toutes les phases de sa vie. Elle cessa de réagir avec colère et ressentiment et elle établit un prototype de prière qu'elle pratiqua régulièrement, systématiquement et consciencieusement à son bureau.

Voici quelle était cette prière : « Je pense, je parle, et j'agis avec amour, tranquillement, paisiblement. J'irradie à présent l'amour, la paix, la tolérance et la bienveillance envers toutes ces jeunes filles qui m'ont critiquée et diffamée. J'ancre mes pensées dans la paix, l'harmonie et la bonne volonté envers tous. Chaque fois que je suis prête à réagir négativement, je me dis fermement à moi-même : « Je vais penser, parler et agir du point de vue du principe de l'harmonie, de la santé et de la paix qui est en moi. L'intelligence créatrice me dirige, me gouverne et me guide dans toutes mes voies ! »

La pratique de cette prière transforma la vie de cette femme, elle s'aperçut que toute critique et toute contrariété avaient cessé. Les jeunes filles de son bureau devinrent ses collaboratrices et ses amies. Elle avait découvert que *personne ne doit être transformé, sinon soi-même.*

## *Sa conversation intérieure empêchait sa promotion*

Un jour, un vendeur vint me consulter au sujet de difficultés qu'il éprouvait à travailler avec son directeur. Il était employé depuis dix ans dans cette maison et il n'avait reçu ni avancement ni louange d'aucune sorte. Il me montra les chiffres indiquant le montant de ses ventes qui étaient proportionnellement plus importantes que celles d'aucun autre vendeur dans le territoire. Il dit que le directeur des ventes ne l'aimait pas, qu'il était injustement traité, qu'au cours des conférences de travail ce directeur était discourtois envers lui et qu'il allait même jusqu'à ridiculiser parfois ses suggestions.

Je lui expliquai qu'indubitablement la cause de ses difficultés se trouvait en grande partie en lui-même et que son concept et sa croyance au sujet de son supérieur portaient témoignage aux réactions de celui-ci. *On se servira pour nous de la mesure dont nous nous serons servi.* Il entretenait le concept de ce que le directeur des ventes était méchant et querelleur, c'était là sa mesure. Il était plein d'amertume et d'hostilité envers ce supérieur. En allant à son travail, il se tenait une vigoureuse conversation intérieure toute remplie de critiques, d'arguments, de récriminations et de dénonciations à l'égard de son directeur.

Ce qu'il exprimait mentalement lui revenait inévitablement. Il se rendit compte à quel point sa conversation intérieure était destructrice, à cause de l'intensité et de la force de ses pensées silencieuses et de ses émotions, car sa condamnation mentale de son directeur pénétrait dans son esprit subconscient. Cela lui attirait la réaction négative de son supérieur tout en créant d'autres désordres personnels, physiques et émotionnels.

Il se mit à prier fréquemment comme suit : « Je suis le seul penseur de mon univers. Je suis responsable de ce que je pense au sujet de mon directeur qui lui, n'est pas responsable de la façon dont je pense à son égard. Je refuse de donner à aucune personne, à aucune chose le pouvoir de m'agacer ou de me perturber. Je souhaite la santé, le succès, la paix de l'esprit et le bonheur à mon directeur. Je le souhaite sincèrement et je sais qu'il est divinement guidé dans toutes ses voies ».

Il répéta cette prière à haute voix, lentement, tranquillement, en ressentant bien ce qu'il disait et sachant que son esprit est pareil à un jardin : tout ce qu'il y plante se reproduira selon son espèce.

Je lui appris aussi à pratiquer l'imagerie mentale avant de s'endormir, de la façon suivante : Il imaginait que son directeur le félicitait pour son bon travail, son zèle et son enthousiasme, et aussi pour sa merveilleuse façon de répondre aux clients. Il sentait la réalité de tout ceci, sentait la poignée de main, entendait le son de la voix et voyait le sourire de son supérieur. Il en faisait un vrai film mental, le dramatisant de son mieux. Tous les soirs, il repassait son film, sachant que son subconscient était la plaque sensible sur laquelle son imagerie consciente allait s'imprimer.

Peu à peu, en vertu d'un processus que l'on peut appeler l'osmose spirituelle et mentale, l'impression se fixa sur son subconscient et l'expression suivit automatiquement. Le directeur des ventes le fit venir à San Francisco, le félicita et le promut au grade de directeur régional des ventes, avec cent vendeurs à diriger et un gros accroissement de salaire. Cet homme avait changé d'avis sur son directeur et celui-ci avait réagi en conséquence.

## *Acquérir la maturité émotionnelle*

Ce que les autres disent ou font ne peut vraiment vous contrarier ni vous irriter, à moins que vous ne le permettiez. La seule façon dont autrui peut nous agacer, c'est à travers notre propre pensée. Par exemple, si vous vous mettez en colère, il faut pour cela que vous passiez par quatre stades dans votre esprit. Premièrement, vous vous mettez à penser à ce que l'autre a dit. Puis vous décidez de vous mettre en colère et de cultiver la fureur. Ensuite vous décidez d'agir. Vous allez répondre ou réagir selon ce qui vous a été dit ou fait. Vous le voyez, la pensée, l'émotion, la réaction et l'action, tout se passe dans votre esprit.

Lorsque vous atteignez la maturité émotionnelle, vous ne répondez pas négativement à la critique et au ressentiment des autres. Le faire serait descendre à ce bas état de vibration mentale et vous unir à l'atmosphère négative de l'autre. Identifiez-vous à votre but dans la vie et ne permettez à rien ni personne de vous faire dévier de votre sentiment profond de paix, de tranquillité, de santé radieuse.

## *La signification de l'amour dans les relations humaines harmonieuses*

Sigmund Freud, le fondateur autrichien de la psychanalyse dit que, si la personnalité manque d'amour, elle s'étiole et meurt. L'amour, c'est la compréhension, la bonne volonté et le respect de la divinité de l'autre personne. Plus l'amour et la bonne volonté émaneront de vous, plus vous en recevrez en retour.

Si vous blessez les autres, si vous attentez à leur estime d'eux-mêmes, vous ne pouvez vous attendre à leur bonne volonté. Comprenez que tout homme désire être aimé et apprécié, à se sentir important dans le monde. Comprenez qu'il est conscient de sa vraie valeur, et que, tout comme vous, il ressent la dignité d'être une expression de l'Unique Principe de Vie qui anime tous les hommes. En comprenant cela, vous exaltez autrui et il vous le rend en amour et en bonne volonté.

## *Il détestait le public*

Un acteur me dit que les spectateurs le sifflaient dès qu'il paraissait en scène. Il ajouta que la pièce qu'il jouait était mal écrite et qu'il n'avait pas un bon rôle. Il convint sans peine que depuis des mois il haïssait les spectateurs, il les appelait idiots, stupides, imbéciles et ignorants. Enfin il quitta le théâtre dégoûté et alla travailler pendant un an dans un « drugstore ».

Un jour, un ami l'invita à entendre une conférence faite à Town Hall, New York City, sur ce sujet : « Comment vous entendre avec vous-même ». Cette conférence transforma sa vie. Il retourna au théâtre et se mit à prier sincèrement pour les spectateurs et pour lui-même. Chaque soir, avant d'entrer en scène, il projetait l'amour et la bonne volonté. Il prit l'habitude d'affirmer que la paix de Dieu remplissait le cœur de ceux qui étaient présents et que tous étaient élevés en esprit et inspirés. Pendant chaque représentation il envoyait des vibrations d'amour à son public. Aujourd'hui il est un grand acteur, il aime et respecte les gens. Son bon vouloir et son estime se transmettent aux autres et sont ressentis par eux.

## *Manier les gens difficiles*

Il y a de par le monde des gens qui sont mentalement déformés et mal conditionnés. Beaucoup sont des délinquants mentaux, discutant tout, non-coopérateurs, querelleurs, cyniques et amers. Ils sont psychologiquement malades. Oui, beaucoup de gens ont un esprit déformé, tordu, probablement faussé au cours de leur enfance[14]. Beaucoup ont des difformités congénitales. Vous ne sauriez condamner une personne atteinte de tuberculose, vous ne pouvez non plus condamner celle qui est mentalement malade. Nul, par exemple, ne hait un bossu; ceux dont nous parlons ici sont des bossus mentaux. Vous devez en avoir compassion et essayer de les comprendre. *Tout comprendre, c'est tout pardonner.*

## *La misère aime la compagnie*

Une jeune fille vint récemment me voir et me déclara qu'elle haïssait une autre jeune personne de son bureau. Elle m'en donna pour raison que l'autre était plus jolie, plus heureuse et plus fortunée qu'elle et, de plus, fiancée au patron de la compagnie où elles étaient employées. Un jour, après que le mariage ait eu lieu, la petite fille infirme (d'un premier mariage) de la femme qu'elle détestait vint au bureau. Se jetant dans les bras de sa mère, l'enfant s'écria : « Maman, maman, comme j'aime mon nouveau papa ! Regarde ce qu'il m'a donné ! » Elle montra un merveilleux jouet.

La jeune fille me dit : « Mon cœur alla tout droit à cette petite fille et je sentis combien elle était heureuse. Soudain j'eus une vision nouvelle du bonheur de sa mère, je me sentis de l'amour pour elle et je lui exprimai avec sincérité le vœu que je formais pour son plus grand bonheur ».

En psychologie, aujourd'hui, cela s'appelle l'empathie qui signifie tout simplement la projection imaginative de votre attitude mentale dans celle d'autrui. Cette jeune fille projeta son état d'esprit, le sentiment de son cœur, dans celui de l'autre femme et elle se mit à penser et à voir à travers le cerveau de sa compagne. A présent elle pensait et sentait comme elle et aussi

[14] Nous pensons aussi que la période prénatale a une importance que l'on ne saurait exagérer. N.T.

comme la petite fille, s'étant également projetée dans l'esprit de l'enfant qu'elle voyait à travers les yeux de sa mère.

Si vous êtes tenté de faire ou de penser du mal d'un autre, projetez-vous mentalement dans l'esprit de Moïse et pensez du point de vue des Dix Commandements. Si vous avez tendance à être envieux, jaloux ou en colère, projetez-vous dans l'esprit de Jésus et pensez selon lui; vous sentirez la vérité de ses paroles : *Aimez-vous les uns les autres.*

## *L'esprit de conciliation exagéré ne sert à rien*

Ne permettez point aux gens de vous berner ni de triompher de vous par les accès de colère, les cris, les larmes et les prétendues attaques cardiaques. Ceux qui s'efforcent de vous contraindre par ces moyens sont des dictateurs qui essaient de vous asservir et de vous faire faire leurs volontés. Soyez ferme mais bienveillant et refusez de céder. L'esprit de conciliation exagéré ne sert jamais à rien. Refusez de contribuer à leur malfaisance, à leur égoïsme, à leur instinct possessif. Souvenez-vous de faire ce qui est bien. Vous êtes ici pour accomplir votre idéal et pour rester fidèle aux vérités et aux valeurs spirituelles, qui sont éternelles.

Ne donnez à personne au monde le pouvoir de vous détourner de votre but dans la vie, qui est d'exprimer vos talents profonds, de servir l'humanité et de révéler de plus en plus la sagesse, la vérité, la beauté de Dieu à tous les peuples du monde. Restez fidèle à votre idéal. Sachez bien, définitivement, absolument que tout ce qui contribue à votre paix, à votre bonheur, à votre accomplissement, doit nécessairement être une bénédiction pour tous ceux qui sont sur terre. L'harmonie d'une partie est l'harmonie du tout car le tout est dans la partie et la partie dans le tout. Tout ce que vous devez à autrui, comme le dit Paul, c'est l'amour et l'amour est l'accomplissement de la loi de la santé, du bonheur et de la paix de l'esprit.

## *Points profitables en matière de relations humaines*

1. Votre subconscient est une machine à enregistrer qui reproduit vos pensées. Pensez du bien des autres, vous pensez ainsi du bien de vous-même.

2. Une pensée de haine ou de ressentiment est un poison mental. Ne pensez pas du mal d'autrui, ce serait penser du mal de vous-même. Vous êtes le seul penseur de votre univers et vos pensées sont créatrices.

3. Votre pensée est un agent créateur, par conséquent, ce que vous pensez et sentez à l'égard des autres, vous le créez dans votre propre expérience. Voilà la signification psychologique de la règle d'or : Pensez des autres ce que vous souhaitez qu'ils pensent de vous.

4. Tromper, voler autrui, c'est vous attirer la pénurie, les pertes et la limitation. Votre subconscient enregistre vos mobiles intérieurs, vos pensées, vos sentiments. S'ils sont de nature négative, les pertes, les limitations et les ennuis vous viennent d'innombrables façons.

5. Le bien que vous faites, la bonté que vous répandez, ainsi que l'amour et le bon vouloir que vous projetez, tout cela vous revient multiplié de bien des façons.

6. Vous êtes le seul penseur de votre univers. Vous êtes responsable de la façon dont vous pensez à l'égard des autres. Souvenez-vous que l'autre n'est point responsable de la façon dont vous pensez à son endroit. Vos pensées se reproduisent. Que pensez-vous d'autrui ?

7. Soyez émotionnellement équilibré et permettez aux autres de ne pas penser comme vous. Ils ont parfaitement le droit d'être en désaccord avec vous, et vous avez de même le droit de ne pas les suivre. Mais vous pouvez ne pas être d'accord sans pour cela être désagréable.

8. Les animaux perçoivent vos vibrations de crainte et vous attaquent. Si vous aimez les animaux, ils ne vous attaqueront point. Beaucoup d'êtres humains indisciplinés sont aussi sensitifs que les chiens, les chats et les autres bêtes.

9. Votre conversation intérieure, qui reflète vos pensées et vos sentiments, est cause des réactions d'autrui envers vous.

10. Souhaitez à autrui ce que vous vous souhaitez à vous-même. Voilà la clé des relations humaines harmonieuses.

11. Changez votre concept et votre façon d'estimer votre employeur. Sentez, sachez qu'il met en pratique la règle d'or et la loi de l'amour; il répondra en conséquence.

12. Les autres ne peuvent ni vous contrarier ni vous irriter à moins que vous le permettiez. Votre pensée est créatrice, vous pouvez bénir l'autre. Si quelqu'un vous injurie, vous êtes libre de lui dire : « La paix de Dieu remplit votre âme ».

13. L'amour est la clé des bons rapports avec les autres. L'amour c'est la compréhension, la bonne volonté et le fait de respecter la divinité de l'autre.

14. Vous ne haïriez pas un bossu ou un infirme. Vous en auriez compassion. Ayez aussi compassion des bossus mentaux qui ont été conditionnés négativement. Tout comprendre, c'est tout pardonner.

15. Réjouissez-vous du succès, de la promotion, de la bonne fortune des autres. Ainsi faisant, vous vous attirez à vous-même la bonne fortune.

16. Ne cédez jamais aux scènes et aux crises de nerfs des autres. L'esprit de conciliation exagéré ne sert jamais à rien. Ne soyez pas un paillasson. Adhérez à tout ce qui est bien. Maintenez votre idéal, sachant que l'attitude mentale qui vous donne la paix, le bonheur et la joie, est bonne, juste et vraie. Ce qui vous bénit, bénit chacun.

17. Tout ce que vous devez aux autres c'est l'amour, et l'amour c'est de souhaiter à tous ce que vous vous souhaitez à vous-même — la santé, le bonheur et les bienfaits de la vie.

CHAPITRE XVII

# Comment vous servir de votre subconscient pour pardonner

La vie ne favorise personne. Dieu est vie et ce principe de vie coule en ce moment même à travers vous. Dieu aime à s'exprimer en tant qu'harmonie, paix, beauté, joie et abondance à travers vous. C'est ce qui s'appelle la volonté de Dieu ou la tendance de la vie.

Si vous établissez dans votre esprit une résistance au libre cours de la vie à travers vous, cette congestion émotionnelle va se fixer dans votre subconscient et provoquer toutes sortes de conditions négatives. Dieu n'a aucun rapport avec les conditions malheureuses et chaotiques du monde. Toutes ces conditions sont créées par le mode de penser négatif et destructeur de l'homme. Il est donc stupide de blâmer Dieu pour vos ennuis ou pour votre maladie.

Beaucoup de personnes établissent une résistance mentale envers le courant de la vie en accusant Dieu et en lui faisant reproche pour les péchés, les maladies et la souffrance des hommes. D'autres rejettent sur Dieu le blâme de leurs douleurs, leurs peines, la perte d'êtres aimés, les tragédies personnelles et les accidents. Ils exhalent envers Dieu leur colère, le croyant responsable de leurs détresses.

Tant que les êtres entretiendront de tels concepts négatifs au sujet de Dieu, ils auront automatiquement les réactions négatives de leur subconscient. En fait, ces personnes ne savent pas qu'elles se punissent elles-mêmes. Il faut qu'elles comprennent la vérité, qu'elles se dégagent et s'abstiennent de toute condamnation, de tout ressentiment, de toute colère envers chacun et envers toute puissance extérieure. Autrement elles ne peuvent entrer dans une activité saine, heureuse ou créatrice. Dès l'instant où ces personnes entretiennent dans leur esprit et dans leur cœur un Dieu d'amour, lorsqu'elles acceptent l'idée que Dieu est leur Père aimant qui veille sur elles, prend soin d'elles, les guide et les fortifie, ce concept, cette croyance à l'égard de Dieu, principe de toute vie, va être accepté par leur esprit subconscient et elles vont obtenir d'innombrables bénédictions.

## *La vie vous pardonne toujours*

La vie vous pardonne lorsque vous vous coupez le doigt. L'intelligence subconsciente qui est en vous se met immédiatement à réparer votre doigt. Des cellules nouvelles recouvrent la plaie. Si vous mangez par erreur une nourriture contaminée la vie vous pardonne en vous la faisant rejeter afin de vous préserver. Si vous vous brûlez la main, la vie-principe réduit l'œdème et la congestion et vous donne des cellules, des tissus neufs, une peau neuve. La vie n'a point envers vous de ressentiment, toujours elle vous pardonne. La vie vous rend à la santé, à la vitalité, à l'harmonie et à la paix, si vous coopérez avec elle en pensant conformément à la nature. Les souvenirs négatifs, douloureux, l'amertume et la mauvaise volonté encombrent et empêchent le libre cours de la vie-principe en vous.

## *Comment il bannit son sentiment de culpabilité*

J'ai connu un homme qui travaillait toutes les nuits jusqu'à une heure du matin. Il ne s'intéressait pas à ses deux fils ni à sa femme. Il était trop occupé à travailler dur. Il pensait que chacun aurait dû le louer de ce qu'il travaillait avec tant d'ardeur et de persistance, au-delà de minuit chaque soir. Or, il faisait de l'hypertension et se sentait plein de culpabilité. Subconsciemment cet homme se punissait en travaillant avec acharnement et il ignorait complètement ses enfants. Un homme normal ne fait point cela, il s'intéresse à ses enfants et à leur développement; il n'exclut pas sa femme de sa vie.

Je lui expliquai pourquoi il travaillait avec tant d'ardeur. « Il y a en vous », lui dis-je, « quelque chose qui vous dévore, sans cela vous n'agiriez pas ainsi. Vous êtes en train de vous punir et il faut que vous appreniez à vous pardonner ». Il s'avéra qu'il avait bien un profond sentiment de culpabilité. C'était à l'égard de son frère.

Je lui expliquai que Dieu ne le punissait pas, mais que c'était lui-même qui se châtiait. Lorsque nous mésusons des lois de la vie, nous souffrons en conséquence. Si vous mettez la main sur un fil nu à haute tension, vous serez brûlé. Les forces de la nature ne sont point mauvaises, c'est l'emploi que vous en faites qui détermine si leur effet sera bon ou mauvais. L'électricité, par exemple, n'est pas nocive; tout dépend de la manière dont vous vous en servez, sera-ce pour incendier un édifice ou pour éclairer votre foyer ? Le seul péché, c'est l'ignorance de la loi, et la seule punition est la réaction automatique au mauvais usage que l'homme en fait.

Si vous mésusez du principe de la chimie, il se peut que vous fassiez sauter le laboratoire. Si vous frappez du poing sur une planche vous ferez peut-être saigner votre main. La planche n'est point faite pour cet usage; elle est peut-être faite pour vous permettre de vous y appuyer ou bien pour soutenir vos pieds.

L'homme dont il est question comprit que Dieu ne condamne ni ne punit personne, il comprit que toute sa souffrance provenait de la réaction de son subconscient à ses propres pensées négatives et destructives. Cet homme avait autrefois spolié son frère, et son frère était passé sur un autre plan. Néanmoins, mon consultant était plein de remords et de culpabilité.

Je lui demandai : « Voleriez-vous votre frère à présent ? ».

« Non », me répondit-il.

« Lorsque vous le fîtes, vous sentiez-vous justifié de le faire ? ». Il me répondit : « Oui ».

«Mais », lui dis-je, « vous ne le feriez pas à présent ? ». Il me dit : « Non. A présent j'apprends aux autres à vivre. »

Je lui dis alors : « Vous avez maintenant plus de raison et de compréhension. Il faut apprendre à vous pardonner, c'est-à-dire à accorder vos pensées à la divine loi d'harmonie. La condamnation de soi-même, c'est l'enfer (la servitude, la restriction) le pardon, c'est le ciel (l'harmonie et la paix).

Le fardeau de culpabilité et de condamnation de soi tomba de son esprit et il fut complètement guéri de son mal. Son médecin s'aperçut que sa tension sanguine était redevenue normale. L'explication de son mal avait été son remède.

## *Un meurtrier apprit à pardonner*

Un homme qui avait tué son frère en Europe vint me voir il y a de nombreuses années. Il était étreint d'une profonde angoisse et torturé à la pensée que Dieu ne manquerait pas de le punir. Il m'expliqua que son frère avait eu une liaison avec sa femme et que, lorsqu'il la découvrit, il le tua dans sa fureur. Cela s'était passé environ quinze ans avant sa visite chez moi. Depuis cet homme avait épousé une jeune fille américaine et trois beaux enfants avaient accru la bénédiction de ce mariage. Il occupait une situation qui lui permettait de venir en aide à beaucoup de personnes et il était transformé. Mon explication consista à lui faire entendre qu'il n'était plus celui qui avait tiré sur son frère, puisque les savants nous informent que toutes les cellules de notre corps se renouvellent tous les onze mois. Il était, de plus, mentalement et spirituellement un homme nouveau étant à présent plein d'amour et de bon vouloir envers l'humanité. Le « vieil » homme qui, quinze années auparavant, avait commis le crime était mentalement et spirituellement mort. En fait, mon consultant condamnait un innocent !

Cette explication eut sur lui un effet profond et il me dit qu'un grand poids avait été ôté de son esprit. Il prit conscience de la signification de cette vérité énoncée dans la Bible : *Venez et raisonnons ensemble, dit l'Eternel, même si vos péchés sont comme le cramoisi, ils deviendront blancs comme la neige; même s'ils sont rouges comme la pourpre, ils deviendront comme la laine. Esaïe 1 : 18.*

## *La critique ne peut vous nuire sans votre consentement*

Une institutrice me dit qu'une de ses collègues avait critiqué un discours qu'elle avait fait, disant qu'elle avait parlé trop vite, avalé ses paroles, de sorte qu'on l'avait mal entendue, que sa diction était mauvaise et que son discours avait été sans effet. Mon institutrice était furieuse et pleine de ressentiment à l'égard de cette critique.

Néanmoins elle m'avoua que cette censure était fondée. Elle reconnut que sa première réaction était vraiment infantile et que la lettre qu'elle avait reçue était en réalité un bienfait et un merveilleux correctif. Elle se mit immédiatement à corriger les défectuosités de sa diction en prenant des cours au City College. Puis elle écrivit à sa collègue pour la remercier de l'intérêt qu'elle lui avait témoigné en lui signalant ses erreurs, ce qui lui avait permis de se corriger.

## *Comment être plein de compassion*

Supposons que rien dans cette lettre n'ait été vrai. Sa destinataire aurait alors compris que son discours avait contrarié les préjugés, les superstitions, les croyances étroites et sectaires de son auteur, et que cette personne, malade psychologiquement, ne faisait qu'exhaler son ressentiment parce que sa plaie psychologique avait été touchée.

Comprendre cela, c'est être plein de compassion. Il lui fallait logiquement prier pour la paix, l'harmonie et la compréhension de sa correspondante. Vous ne pouvez être blessé lorsque vous savez que vous êtes le maître de vos pensées, de vos réactions et de vos émotions. Les émotions suivent les pensées et vous avez le pouvoir de rejeter toutes les pensées qui peuvent vous perturber ou vous contrarier.

## *Abandonnée à l'autel*

Il y a quelques années, je me rendis dans une église afin d'y célébrer un mariage. Le jeune homme ne parut pas et, au bout de deux heures d'attente, la jeune fiancée, après avoir versé quelques larmes, me dit : « J'ai prié pour recevoir la direction divine. Ce qui se passe est peut-être une réponse à ma prière car Dieu ne faillit jamais ».

Telle fut sa réaction — la foi en Dieu et en la bonté de toutes choses. Il n'y avait pas d'amertume en son cœur lorsqu'elle dit : « Il faut que cela soit l'action juste, puisque j'ai prié pour l'action juste pour nous deux ». Une autre, en pareille occasion aurait eu une crise de nerfs et, peut-être, aurait dû être hospitalisée.

Accordez-vous à l'intelligence infinie de vos profondeurs subconscientes, ayant autant de confiance dans la réponse que vous allez recevoir que vous aviez autrefois confiance dans votre mère lorsqu'elle vous tenait dans ses bras. Voilà comment vous pouvez acquérir l'équilibre et la santé émotionnelle.

## *Il est mauvais de se marier*<br>*La vie sexuelle est chose mauvaise*<br>*et je suis mauvaise*

Il y a quelque temps, je m'entretins avec une jeune fille de vingt-deux ans. On lui avait appris à penser que c'est un péché de danser, de jouer aux cartes, de nager, de sortir avec des garçons. Sa mère la menaçait, lui disant qu'elle brûlerait éternellement dans les feux de l'enfer si elle désobéissait à sa volonté et à ses enseignements religieux. Cette jeune fille était vêtue d'une robe noire et portait des bas noirs. Elle ne mettait ni poudre, ni rouge à lèvres parce que sa mère prétendait que tout cela était péché. Sa mère lui disait que tous les hommes sont mauvais, que la vie sexuelle était une invention du diable et ni plus ni moins que débauche infernale.

Cette jeune fille avait à se pardonner à elle-même, car elle était pleine d'un sentiment de culpabilité. Pardonner signifie donner. Elle avait à abandonner toutes ses fausses croyances et à les échanger contre les vérités de la vie et une conscience nouvelle d'elle-même. Lorsqu'elle sortait avec les jeunes gens de son bureau elle avait un profond sentiment de mal faire et elle pensait que Dieu allait la punir. Plusieurs jeunes hommes l'avaient demandée en mariage, mais elle me dit : « Il est mauvais de se marier. La vie sexuelle est chose mauvaise et je suis une créature mauvaise ». C'était la voix de sa conscience, conditionnée par la formation de son enfance qui parlait ainsi. Cette jeune personne vint me voir une fois par semaine pendant environ dix semaines, et je lui enseignai le mécanisme de l'esprit conscient et subconscient tel que je l'explique dans ce livre. Peu à peu elle prit conscience qu'elle avait littéralement subi un lavage de cerveau, qu'elle avait été hypnotisée et conditionnée par une mère ignorante, superstitieuse, bigote et elle-même frustrée. Elle se sépara complètement de sa famille et commença à vivre une vie merveilleuse.

Suivant mes conseils, elle s'habilla mieux et se fit coiffer. Elle prit des leçons de danse avec un professeur masculin et apprit à conduire, à nager, à jouer aux cartes. Elle ne tarda pas à être recherchée et se mit à aimer la vie. Elle se mit aussi à prier pour un compagnon divin, affirmant que l'Esprit Infini lui attirait un homme qui s'harmoniserait parfaitement avec elle. C'est ce qui se produisit. Au moment où elle quittait mon cabinet, un soir, un homme attendait pour me consulter, je les présentai l'un à l'autre fortuitement. Ils sont à présent mariés et ils s'entendent à la perfection.

## *Le pardon est nécessaire à la guérison*

*Et quand vous priez, pardonnez, si vous avez quoi que ce soit contre quelqu'un. Marc 11 : 25.*

Le pardon que l'on donne aux autres est essentiel à la paix de l'esprit et à la santé radieuse. Il faut que vous pardonniez à tous ceux qui vous ont fait du mal, si vous voulez la paix et le bonheur parfait. Pardonnez-vous à vous-même en accordant vos pensées à la loi divine, à l'ordre divin. Vous ne pouvez vraiment vous pardonner complètement tant que vous n'avez pas d'abord pardonné aux autres. Refuser de se pardonner à soi-même n'est ni plus ni moins que de l'orgueil spirituel, c'est-à-dire de l'ignorance.

Aujourd'hui, en psychosomatique, on insiste constamment sur le fait que le ressentiment, la condamnation d'autrui, le remords, l'hostilité sont la cause d'une foule de maladies, depuis l'arthrite jusqu'aux désordres cardiaques.

Les médecins psychosomates soulignent le fait que tous les malades qui furent blessés, maltraités, trompés en conçurent du ressentiment et de la haine pour ceux qui leur firent du mal et cela fut cause de blessures saignantes et purulentes dans leur subconscient. Il faut qu'ils pratiquent l'ablation de leurs blessures, et qu'ils les rejettent. Le seul et sûr moyen, pour ce faire, c'est le pardon.

## *Le pardon est l'amour en action*

Dans le pardon, l'ingrédient essentiel, c'est le consentement. Si, sincèrement, vous voulez pardonner, le cinquante pour cent est fait. Je suis persuadé que vous comprenez bien ceci : pardonner ne signifie pas nécessairement que vous souhaitez entretenir des relations avec celui auquel vous donnez votre pardon. Vous ne pouvez être contraint à aimer quelqu'un; aucun gouvernement ne peut imposer par des lois la bonne volonté, l'amour, la paix ou la tolérance. Il est tout à fait impossible d'aimer quelqu'un par la contrainte. Il se trouve pourtant que l'on peut aimer divinement les êtres, sans les aimer humainement.

La Bible dit : *Aimez-vous les uns les autres.* Cela, chacun peut le faire, s'il le veut vraiment. Aimer signifie que l'on souhaite à autrui la santé, le bonheur, la paix, la joie et toutes les bénédictions. Il n'y a qu'un seul impératif, la sincérité. Vous n'êtes point magnanime lorsque vous pardonnez; en réalité vous êtes égoïste; car ce que vous souhaitez à autrui, vous vous le souhaitez, en fait, à vous-même, puisque c'est vous qui le pensez et le sentez. Or, tel vous pensez et sentez, tel vous êtes. Peut-il y avoir plus simple que cela ?

## *Technique du pardon*

Voici une méthode simple qui agira à merveille dans votre vie si vous la pratiquez : détendez-vous, tranquillisez votre esprit. Pensez à Dieu et à son amour pour vous, puis affirmez : « Librement et pleinement je pardonne à (dites le nom de celui qui vous a offensé) ; je le libère mentalement et spirituellement. Je pardonne complètement tout ce qui se rapporte à l'affaire en question. Je suis libre et il — ou elle — est libre. C'est un sentiment merveilleux. Je fête une amnistie générale et libère tous ceux qui m'ont jamais blessé, je souhaite pour chacun d'eux la santé, le bonheur, la paix et toutes les bénédictions. Je le fais librement, joyeusement et avec amour et chaque fois que je pense à cette personne — ou aux personnes — qui m'ont fait du mal, je dis : « Je vous ai libéré, que toutes les bénédictions soient à vous. Je suis libre et vous êtes libre. C'est merveilleux ! »

Le grand secret du véritable pardon c'est que lorsque vous l'avez donné, il est inutile de répéter cette prière. Chaque fois que celui qui vous offense se présente à votre esprit, ou bien si vous pensez à la blessure qu'il vous fit, vous devez lui souhaiter du bien en disant : « La paix soit avec vous ». Faites cela chaque fois que cette pensée vous vient. Vous verrez qu'en peu de jours la personne ou l'incident reviendra de moins en moins pour sombrer enfin dans le néant.

## *L'épreuve concluante du pardon*

Tout comme on éprouve l'or, on peut éprouver le pardon. Si je vous disais quelque chose de merveilleux au sujet d'une personne qui vous a trompé, volé, dépouillé et que vous entriez en fureur en entendant les bonnes nouvelles la concernant, cela démontrerait que les racines de la haine subsistent dans votre subconscient et vous ravagent.
Supposons que vous ayez eu un douloureux abcès dentaire il y a un an, et que vous m'en parliez. Je vous demanderais si vous en souffrez encore et, automatiquement, vous me répondriez : « Non, bien sûr, je m'en souviens mais je n'en souffre pas ». Tout est là. Vous avez souvenance de cet incident mais vous n'en souffrez plus. Voilà l'épreuve concluante et il faut l'accepter psychologiquement et spirituellement, faute de quoi vous vous trompez vous-même et vous ne pratiquez point le véritable art du pardon.

## *Tout comprendre, c'est tout pardonner*

Quand l'homme comprend la loi créatrice de son propre esprit il cesse de blâmer les autres et les circonstances pour ce qui le blesse. Il sait que ses propres pensées et ses propres sentiments créent sa destinée. De plus il a conscience que ce qui lui est extérieur n'est ni la cause ni les conditions de sa vie. Penser que les autres peuvent nuire à votre bonheur, que vous êtes le jouet d'un destin cruel, que vous devez lutter contre les autres pour gagner votre vie, tout cela est insoutenable lorsque l'on sait que la pensée crée. La Bible dit : *Tel un homme pense en son cœur, tel il est. Proverbes 23 : 7.*

## *Sommaire de vos aides pour pardonner*

1. Dieu, la Vie ne respecte point les personnes, n'a point de favoris. La Vie, Dieu semble vous favoriser lorsque vous vous accordez au principe d'harmonie, de santé, de joie et de paix.

2. Dieu, la Vie n'envoie jamais ni maladies, ni accidents, ni souffrances. Nous nous les attirons par notre propre pensée destructrice : *nous récoltons ce que nous semons.*

3. Votre concept de Dieu est la chose la plus importante de votre vie. Si vous croyez vraiment en un Dieu d'amour, votre subconscient vous répondra en vous donnant d'innombrables bénédictions. Croyez-en un Dieu d'amour.

4. La Vie, Dieu n'a envers vous aucune rancune. La Vie ne vous condamne jamais. La Vie guérit la coupure profonde que vous vous faites à la main. La Vie pardonne si vous vous brûlez le doigt, elle réduit l'œdème et vous rend à l'intégrité et à la perfection.

5. Votre complexe de culpabilité est un faux concept de Dieu, de la Vie qui ne vous punit ni ne vous juge. C'est vous qui vous jugez et qui vous punissez par vos fausses croyances, votre pensée négative et votre condamnation de vous-même.

6. Dieu, la Vie ne vous condamne ni ne vous punit. Les forces de la nature ne sont point mauvaises. L'effet de leur emploi dépend de la façon dont vous vous servez de la puissance qui est en vous. Vous pouvez vous servir de l'électricité aussi bien pour tuer quelqu'un que pour éclairer une maison. Vous pouvez aussi bien vous servir de l'eau pour noyer un enfant que pour étancher sa soif. Le bien et le mal rejaillissent sur la pensée et sur le dessein qui sont dans votre pensée.

7. Dieu, la Vie, ne punit jamais. L'homme se punit lui-même par ses faux concepts de Dieu, de la Vie, de l'Univers. Ses pensées sont créatrices et il crée sa propre misère.

8. Si quelqu'un vous critique et que vous en reconnaissiez le bien-fondé, réjouissez-vous, rendez grâces et appréciez les commentaires que l'on fait à votre sujet. Cela vous donnera la possibilité de corriger vos fautes.

9. Vous ne pouvez être blessé par la critique quand vous savez que vous êtes le maître de vos pensées, de vos réactions et de vos émotions. Cela vous donne l'occasion de prier pour votre critique et de la bénir, vous bénissant ainsi vous-même.

10. Lorsque vous priez pour être dirigé et pour bien agir, prenez ce qui vient. Réalisez que cela est bon et très bon. Il n'y a jamais de raison pour la pitié de soi, la critique ou la haine.

11. Rien n'est ni bon ni mauvais si ce n'est ce que fait la pensée. Il n'y a point de mal dans la vie sexuelle, pas plus que dans le désir de manger, de posséder de la fortune ou de s'exprimer parfaitement. Cela dépend de la façon dont vous vous servez de ces impulsions, de ces désirs, de ces aspira-

tions. Vous pouvez satisfaire votre désir de nourriture sans tuer quelqu'un pour une miche de pain.

12. Le ressentiment, la haine, la mauvaise volonté et l'hostilité sont cause d'une foule de maladies. Pardonnez-vous à vous-même et à tous en projetant l'amour, la vie, la joie et la bonne volonté envers tous ceux qui vous ont blessé. Continuez jusqu'à ce que, les rencontrant dans votre esprit, vous vous sentiez en paix avec eux.

13. Pardonner c'est donner quelque chose. Donnez l'amour, la paix, la joie, la sagesse et toutes les bénédictions à l'autre jusqu'à ce qu'il n'y ait plus de douleur dans votre esprit. Voilà l'épreuve véritable du pardon.

14. Supposons que vous ayez eu un abcès dentaire très douloureux il y a un an. Sentez-vous cette douleur à présent ? Non ! De même, si quelqu'un vous a fait du mal, vous a calomnié, blessé, outragé, avez-vous envers cette personne des sentiments négatifs ? Entrez-vous en fureur lorsque sa pensée vous vient à l'esprit ? Dans ce cas, les racines de la haine sont encore vivaces en vous et vous détruisent vous et votre bien. Le seul moyen de les arracher à jamais c'est l'amour. Souhaitez à celui qui vous a fait du mal toutes les bénédictions, jusqu'à ce que vous n'y pensiez plus qu'ainsi : dans la paix et la bonne volonté. Voilà la signification de *pardonnez jusqu'à soixante-dix fois sept fois.*

CHAPITRE XVIII

# Comment votre subconscient enlève les blocages mentaux

Le problème comporte sa solution. La réponse est contenue dans chaque question. Si vous vous trouvez devant une situation difficile, si vous ne parvenez pas à voir clair, le mieux est de vous dire que l'intelligence infinie qui est en votre subconscient sait et voit tout, qu'elle connaît la réponse et qu'elle vous la révèle. Votre nouvelle attitude mentale qui consiste à savoir que l'intelligence créatrice vous apporte la solution heureuse vous permettra de trouver la réponse dont vous avez besoin. Soyez assuré qu'une telle attitude d'esprit amènera dans toutes vos entreprises l'ordre, la paix et le bien-être.

## *Comment briser ou établir une habitude*

Vous êtes une créature d'habitude. L'habitude est la fonction de votre subconscient. Vous avez appris à nager, à monter à bicyclette, à danser, à conduire une voiture en faisant cela consciemment maintes et maintes fois jusqu'à ce que cela s'imprime dans votre subconscient. C'est alors que l'habitude de l'action automatique a été prise en charge par votre subconscient. C'est ce qu'on appelle parfois la seconde nature, qui n'est autre qu'une réaction de votre subconscient à votre pensée et à votre manière d'agir.

Vous êtes libre de choisir une bonne ou une mauvaise habitude. Si, pendant un certain temps, vous répétez une pensée ou une action négative, vous serez sous la contrainte de cette habitude. Car la loi de votre subconscient est la contrainte.

## *Comment il brisa une mauvaise habitude*

Mr. Jones me dit : « Je suis parfois empoigné par une envie incontrôlable de boire et je m'enivre pendant deux semaines. Je ne puis abandonner cette terrible habitude ».

A de très nombreuses reprises, cet homme infortuné s'était trouvé dans cette situation. Bien qu'il ait commencé à boire à l'excès de sa propre initiative, il comprit qu'il pouvait changer cette habitude, en établissant une habitude nouvelle. Il me dit que, bien qu'il puisse réprimer temporairement son désir de boire par la volonté, ses efforts persistants ne faisaient qu'aggraver les choses. Ses échecs répétés l'avaient convaincu de son état désespéré et de son impuissance à maîtriser son obsession. L'idée d'être impuissant opérait en tant que puissante suggestion sur son subconscient et aggravait sa faiblesse, faisant de sa vie une succession d'échecs.

Je lui appris à harmoniser les fonctions de son esprit conscient et subconscient. Lorsque les deux coopèrent, l'idée, ou le désir, implanté dans l'esprit subconscient est réalisé. Son esprit raisonnant admit que si son habitude l'avait conduit au désastre, il pouvait consciemment former une nouvelle voie vers la libération, la sobriété et la paix de l'esprit. Il savait que sa néfaste habitude était automatique, mais puisqu'elle avait été acquise par son choix conscient, il comprit que, puisqu'il avait été conditionné négativement, il pouvait aussi bien l'être positivement. Il cessa donc de penser qu'il était impuissant à surmonter sa fâcheuse habitude. De plus, il comprit clairement qu'il n'y avait d'autre obstacle à sa guérison que sa propre pensée. Il n'y avait donc aucune raison pour un effort, une coercition mentale.

## *La puissance de son image mentale*

Cet homme prit l'habitude de détendre son corps et de se mettre dans un état de méditation somnolente. Puis il remplissait son esprit de l'image de ce qu'il désirait, sachant que son esprit subconscient le manifesterait de la façon la plus simple. Il imagina que sa fille le félicitait de sa délivrance, lui disant : « Papa, comme c'est merveilleux de vous voir à la maison ! ». Car, par son mauvais penchant, il avait perdu sa famille, il n'avait pas l'autorisation de lui rendre visite et sa femme ne voulait plus même lui parler.

Régulièrement, systématiquement, il se mettait à méditer de la façon qui lui avait été indiquée. Lorsque son attention s'égarait, il prenait l'habitude de se rappeler immédiatement l'image mentale de sa fille avec son sourire, voyant sa maison toute remplie de sa présence, entendant sa voix joyeuse.

Tout ceci provoqua un reconditionnement de son esprit. Ce fut un processus gradué. Il persista, sachant que tôt ou tard il établirait une habitude nouvelle dans son subconscient.

Je lui dis qu'il pouvait comparer son esprit conscient à un appareil photographique et que son subconscient était la plaque sensible sur laquelle il enregistrait, il impressionnait l'image. Cela fit sur lui une impression profonde et il s'attacha à imprimer fermement l'image sur son esprit et à l'y développer. Les films se développent dans le noir, de même, les images mentales se développent dans la chambre noire du subconscient.

## *L'attention concentrée*

Prenant conscience de ce que son esprit conscient n'était qu'une caméra, il ne fit aucun effort. Il n'y eut point de lutte mentale. Il ordonna tranquillement ses pensées et fixa son attention sur l'image qu'il avait formée jusqu'à ce que, peu à peu, il s'identifie à cette image. Il s'absorba dans cette atmosphère mentale, répétant fréquemment ce cinéma mental. Il n'y avait en lui aucun doute quant à la guérison qui allait suivre. Lorsque la tentation de boire l'assaillait, il en détournait son imagination en suscitant le sentiment d'être de retour dans sa famille. Il réussit parce qu'il s'attendait avec confiance à vivre l'image qu'il développait en son esprit. Il est aujourd'hui président d'une firme au capital de plusieurs millions de dollars et il est radieusement heureux.

## *Il disait que la malchance le poursuivait*

Mr. Block[15] me dit qu'il avait un revenu annuel de 20 000 dollars mais que depuis trois mois toutes les portes semblaient se fermer devant lui. Il amenait ses clients au moment de signer des accords et, à la onzième heure, tout était ajourné. Il ajouta qu'un mauvais sort le poursuivait sans doute.

En étudiant la question avec Mr. Block, je découvris que trois mois auparavant, il avait été extrêmement irrité et plein de ressentiment envers un dentiste qui, après avoir promis de signer un contrat, s'était rétracté au dernier moment. Mr. Block se mit à vivre dans la crainte inconsciente que d'autres clients feraient de même, établissant ainsi un état de frustration et d'hostilité qui lui faisait obstacle. *Ce que j'ai craint le plus m'est arrivé.*

[15] L'auteur donne à son sujet un nom d'emprunt qui indique un blocage. N.T.

Mr. Block se rendit compte que tout le mal venait de son propre esprit et qu'il était essentiel qu'il changeât d'attitude mentale.

Il mit fin à cette période malchanceuse de la manière suivante : « Je prends conscience de ce que je suis uni à l'intelligence infinie de mon subconscient qui ne connaît ni obstacle, ni difficulté, ni délai. Je vis dans la joyeuse expectative de ce qui peut m'arriver de meilleur. Mon esprit profond répond à mes pensées. Je sais que le travail de mon subconscient ne peut être entravé. L'intelligence infinie termine toujours avec succès ce qu'elle commence. La sagesse créatrice œuvre à travers moi pour mener à bien tous mes projets et tous mes desseins. Tout ce que je commence, je le mène à une conclusion parfaite. Mon but dans la vie est de rendre merveilleusement service, et tous ceux avec lesquels j'entre en contact sont bénis par ce que j'ai à offrir. Tout mon travail porte des fruits dans l'ordre divin ».

Il répéta cette prière chaque matin avant de rendre visite à ses clients, et il pria aussi chaque soir avant de s'endormir. En peu de temps il établit un nouveau mode de penser dans son subconscient et il ne tarda pas à redevenir un homme d'affaires prospère.

## *A quel point voulez-vous ce que vous voulez ?*

Un jeune homme demanda un jour à Socrate comment il pourrait acquérir la sagesse. Socrate lui répondit : « Viens avec moi ». Il mena le jeune garçon à la rivière, saisit sa tête et la maintint sous l'eau jusqu'à ce qu'il étouffât, puis il le libéra. Lorsque le garçon eut retrouvé ses esprits, Socrate lui demanda : « Que désirais-tu le plus lorsque tu étais sous l'eau ? » « De l'air », dit le jeune homme.

Socrate lui dit alors : « Quand tu aspireras à avoir de la sagesse autant que tu aspirais à avoir de l'air lorsque tu étais immergé, tu la recevras ».

De même, lorsque vous aurez vraiment un désir intense de surmonter un obstacle dans votre vie, et lorsque vous parviendrez à la décision nette de ce qu'il y a un moyen pour ce faire, et que ce moyen vous le voulez prendre, votre victoire, votre triomphe sont assurés.

Si vraiment vous voulez la paix de l'esprit et le calme intérieur, vous les aurez. En dépit de la façon dont vous avez été injustement traité, si déloyal qu'ait pu être votre patron, ou si scélérat que quelqu'un ait pu se montrer à votre égard, tout cela vous est égal lorsque vous vous éveillez à vos pouvoirs mentaux et spirituels. Vous savez ce que vous voulez, et vous refuserez catégoriquement de laisser les voleurs (vos pensées), la haine, la colère, l'hostilité et la mauvaise volonté, vous dérober la paix, l'harmonie, la santé et le bonheur. Vous cesserez de vous laisser contrarier par les autres, par les conditions, les nouvelles, les événements, en identifiant au contraire et immédiatement vos pensées à votre dessein dans la vie. Votre but est la paix, la santé, l'inspiration, l'harmonie et l'abondance. Sentez qu'un fleuve de paix coule à présent en vous. Votre pensée est la puissance immatérielle et invisible et vous choisissez de lui permettre de vous bénir, de vous inspirer et de vous donner la paix.

## *Pourquoi il ne pouvait guérir*

Voici le cas d'un homme marié, père de quatre enfants, qui, secrètement, entretenait une autre femme au cours de ses voyages d'affaires. Il était malade, nerveux, irritable et querelleur et ne pouvait dormir sans somnifères. Les soins de son médecin ne parvenaient pas à faire baisser une très forte tension artérielle. Il souffrait de douleurs dans plusieurs organes que ses médecins ne parvenaient ni à diagnostiquer ni à soulager. Pour aggraver les choses, cet homme s'était mis à boire à l'excès.

La cause de tout ce mal était un profond sentiment inconscient de culpabilité. Il avait violé ses vœux de mariage et cela le perturbait. Il avait reçu une formation religieuse qui s'était profondément ancrée dans son subconscient, qui ajoutait à son sentiment de culpabilité et il buvait excessivement pour s'en délivrer. Certains malades prennent de la morphine et de la codéine pour calmer leurs douleurs; cet homme prenait de l'alcool pour endormir la blessure de son esprit. Mais c'était ajouter du bois sur le feu.

## *L'explication et la guérison*

Il écouta l'explication de la façon dont son esprit agissait. Puis il fit face à son problème, l'examina et cessa son double rôle. Il comprit que son ébriété était un essai inconscient d'échapper à ses erreurs. Il fallait que la cause cachée dans son subconscient soit éliminée; la guérison suivrait.

Il se mit à imprimer dans son subconscient trois ou quatre fois par jour la prière suivante : « Mon esprit est plein de paix, d'équilibre, de calme. L'infini se repose en moi et je ne crains rien, ni dans le passé, dans le présent, ni dans l'avenir. L'intelligence infinie de mon subconscient me conduit, me guide et me dirige dans toutes mes voies. Je fais à présent face à toutes les situations avec foi, calme, équilibre et confiance. Je suis maintenant complètement libéré de mon habitude de boire. Mon esprit est rempli de paix, de libération et de joie. Je me pardonne à moi-même; ainsi je suis pardonné. La paix, la sobriété et la confiance règnent suprêmement en mon esprit ».

Il répéta fréquemment cette prière, pleinement conscient de ce qu'il faisait et pourquoi il le faisait. Le fait de savoir ce qu'il faisait lui donnait la foi, la confiance nécessaires. Je lui expliquai que, lorsqu'il prononçait à haute voix ces déclarations, lentement, avec ferveur, avec amour, elles s'enfonçaient peu à peu dans son subconscient. Telles des semences, elles allaient porter leurs fruits. Ces vérités, sur lesquelles il se concentrait, lui entraient par les yeux, les oreilles, et les vibrations curatives de ces paroles atteignaient son subconscient et oblitéraient tous les prototypes mentaux négatifs qui étaient cause de son mal. La lumière dissipe les ténèbres. La pensée constructive détruit la pensée négative. Cet homme fut transformé en un mois.

## *Refuser d'admettre ?*

Si vous êtes un alcoolique ou un toxicomane, reconnaissez-le. N'essayez pas de ruser. Beaucoup de personnes restent alcooliques parce qu'elles refusent de l'admettre.

Votre maladie représente une instabilité, une crainte profondes. Vous vous refusez à faire face à la vie, vous essayez d'échapper à vos responsabilités en buvant. En tant qu'alcoolique vous n'avez pas de libre arbitre, bien que vous croyiez en avoir et peut-être même vous vantez-vous de votre volonté. Si vous êtes un ivrogne invétéré et que vous disiez bravement : « Je ne toucherai plus à l'alcool », vous n'avez pas le pouvoir de faire de cette déclaration une réalité, parce que vous ne savez où en trouver la force.

Vous vivez dans une prison psychologique que vous avez vous-même construite, et vous êtes lié par vos croyances et vos opinions, par votre formation et par les influences qui vous environnent. Comme la plupart des êtres, vous êtes une créature d'habitude. Vous êtes conditionné à réagir comme vous le faites.

## *Construire en soi l'idée de la libération*

Vous pouvez construire dans votre mentalité l'idée de la libération et de la paix de l'esprit, de sorte qu'elle atteigne vos profondeurs subconscientes.

Etant toute-puissante, elle vous libérera de tout goût pour l'alcool. Alors, vous aurez une compréhension nouvelle de la façon dont agit votre esprit, vous serez à même de faire vos déclarations de la Vérité en connaissance de cause et d'en faire la preuve.

## *Guérir à cinquante et un pour cent*

Si vous avez l'ardent désir de vous libérer d'une mauvaise habitude, vous êtes déjà guéri à cinquante et un pour cent. Lorsque le désir de vous débarrasser de votre néfaste habitude sera plus fort que celui de persévérer, vous n'aurez pas trop de difficulté à obtenir la libération complète.
Quelle que soit la pensée sur laquelle votre esprit se fixe, votre esprit l'amplifie. Si vous fixez votre esprit sur le concept de la libération de votre habitude et sur la paix de votre esprit, et si vous gardez bien votre esprit dans cette nouvelle direction, vous allez créer des sentiments, des émotions qui vont peu à peu sensibiliser le concept de libération et de paix. Tout ce que vous sensibiliserez est accepté par votre subconscient et se manifeste.

## *La loi de substitution*

Comprenez que quelque chose de bon peut sortir de votre souffrance. Vous n'avez pas souffert en vain. Cependant, il est insensé de continuer à souffrir. Si vous continuez à boire, vous vous détériorerez mentalement et physiquement. Comprenez que la puissance de votre subconscient vous soutient. Même si vous êtes pris de tristesse, il faut que vous commenciez à imaginer la joie et la libération qui vous attendent. C'est la loi de la substitution. Votre imagination vous a fait boire; laissez-la maintenant vous mener à la libération et à la paix de l'esprit. Vous souffrirez un peu, mais ce sera dans un but constructif. Vous le supporterez comme une mère supporte les douleurs de l'enfantement, et vous donnerez le jour à un enfant de votre esprit : votre subconscient donnera naissance à la sobriété.

## *La cause de l'alcoolisme*

La cause véritable de l'alcoolisme c'est le mode de penser, négatif et destructeur; car, tel un homme pense, tel il est. L'alcoolique a un profond sentiment d'infériorité, d'inefficacité, de défaite et de frustration, habituellement accompagné d'une profonde hostilité. Il se trouve d'innombrables alibis pour son vice, quand la seule vraie raison est *la nature de sa pensée.*

## *Trois pas magiques*

1. Détendez-vous, tranquillisez votre esprit. Entrez dans un état de somnolence; vous préparez le second pas.

2. Composez une phrase courte, qui peut facilement se graver dans votre mémoire, et répétez-la à mainte et mainte reprise, comme une berceuse. Voici un exemple : « La sobriété et la paix de l'esprit sont maintenant miens et j'en rends grâces ». Pour empêcher votre esprit de vagabonder, répétez cela à haute voix ou bien seulement des lèvres tandis que vous le dites mentalement. Cela facilite la pénétration dans le subconscient. Faites-le pendant cinq minutes ou davantage. Vous y trouverez un profond repos émotif.

3. Au moment de vous endormir, faites ce que faisait Goethe : imaginez qu'un ami, un être aimé, se trouve devant vous. Vos yeux sont fermés, vous êtes détendu et en paix. L'être que vous aimez, l'ami, est subjectivement présent, il vous dit : « Félicitations ! » Vous voyez son sourire, vous entendez sa voix. Mentalement, vous touchez sa main; elle est vivante, réelle. Le mot *félicitations* implique la libération complète. Entendez-le maintes et maintes fois jusqu'à ce que vous obteniez la réaction subconsciente qui vous satisfera.

## *Sachez persévérer*

Lorsque la peur frappe à la porte de votre esprit, ou quand les soucis, l'anxiété ou le doute le traversent, contemplez votre vision, votre but. Pensez à la puissance infinie de votre subconscient que vous pouvez mettre à l'œuvre par votre pensée et votre imagination, cela vous donnera confiance, puissance et courage. Continuez, persévérez, *jusqu'à ce que le jour se lève et que les ombres fuient.*

## *Révisez votre puissance de penser*

1. Chaque problème comporte sa solution. La réponse est dans chaque question. L'intelligence infinie vous répond lorsque vous y faites appel dans la foi et la confiance.

2. L'habitude est la fonction de votre subconscient. Il n'y a pas de plus grande preuve de la merveilleuse puissance de votre subconscient que la force avec laquelle l'habitude domine votre vie. Vous êtes une créature d'habitudes.

3. Vous formez des prototypes d'habitude dans votre subconscient en répétant une pensée ou un acte, à maintes reprises, jusqu'à ce qu'ils prennent place dans votre subconscient et deviennent automatiques comme en natation, pour danser, dactylographier, marcher, conduire votre voiture, etc.

4. Vous avez la liberté du choix. Il vous est loisible de choisir une bonne ou une mauvaise habitude. La prière est une bonne habitude.

5. Quelle que soit l'image mentale que vous entretenez avec foi dans votre esprit conscient, votre esprit subconscient va la manifester.

6. Le seul obstacle à votre réussite, à votre succès, c'est votre propre pensée, votre propre image mentale.

7. Lorsque votre attention s'égare, ramenez-la à la contemplation de votre bien ou de votre but. Faites-en une habitude. Cela s'appelle discipliner l'esprit.

8. Votre esprit conscient est la caméra, votre esprit subconscient la plaque sensible sur laquelle vous enregistrez, vous imprimez l'image.

9. La seule malchance qui puisse poursuivre un être est une pensée de crainte répétée à maintes reprises par l'esprit.
Brisez cette entrave en étant convaincu que tout ce que vous entreprenez sera mené à bien dans l'ordre divin. Imaginez-en l'heureuse fin et maintenez cette idée avec foi.

10. Pour former une habitude nouvelle, il faut que vous soyez convaincu qu'elle est désirable. Lorsque votre désir d'abandonner une mauvaise habitude sera plus grand que celui de la continuer, vous serez guéri à cinquante et un pour cent.

11. Ce que disent les autres ne peut vous nuire qu'à travers vos propres pensées et votre participation mentale. Identifiez-vous à votre but qui est la paix, l'harmonie et la joie. Vous êtes le seul penseur de votre univers.

12. L'alcoolisme correspond à un désir inconscient de s'échapper. La cause de l'alcoolisme est le mode de penser négatif et destructeur. Le remède, c'est

de penser à la libération, à la sobriété et à la perfection en ressentant la joie de l'accomplissement.

13. Beaucoup de personnes restent alcooliques parce qu'elles refusent de l'admettre.

14. La loi de votre subconscient, qui vous a tenu en esclavage et qui a entravé votre liberté d'action, vous donnera la libération et le bonheur. Tout dépend de la façon dont vous vous en servez.

15. Votre imagination vous a mené à la boisson; laissez-la vous mener à la libération, en imaginant déjà que vous êtes libre.

16. La vraie cause de l'alcoolisme est la pensée négative et destructrice. *Tel un homme pense en son cœur* (son subconscient), *tel il est.*

17. Lorsque la peur frappe à la porte de votre esprit, que ce soit la foi en Dieu et en toutes choses bonnes qui lui ouvre la porte.

CHAPITRE XIX

# Comment vous servir de votre subconscient pour écarter la peur

Un de nos étudiants me dit qu'ayant été invité à parler au cours d'un grand banquet, il avait été pris de panique à l'idée de discourir devant mille personnes. Voici comment il surmonta sa peur : Pendant plusieurs soirs, il se détendit dans un fauteuil pendant cinq minutes environ et se dit à lui-même, lentement, tranquillement et positivement : « Je vais maîtriser cette peur. Je la surmonte dès maintenant. Je parle avec sérénité et confiance. Je suis détendu et à l'aise ». Il mit ainsi en action une loi de l'esprit et surmonta sa peur.

Le subconscient est docile à la suggestion et la suggestion le domine.

Lorsque, vous étant détendu, vous tranquillisez votre esprit, les pensées de votre esprit conscient pénètrent dans votre subconscient par un processus comparable à celui de l'osmose, dans laquelle des fluides séparés par une membrane poreuse s'interpénètrent. A mesure que ces pensées pénètrent le champ de la subconscience, elles vont porter les fruits de leur espèce, et vous allez devenir équilibré, serein et calme.

## *Le plus grand ennemi de l'homme*

On a dit que la peur est le plus grand ennemi de l'homme. La peur est à l'origine des échecs, de la maladie et des mauvaises relations humaines. Des millions de gens ont peur du passé, de l'avenir, de la vieillesse, de la folie et de la mort. La peur est une pensée de votre esprit, et vous avez peur de vos propres pensées.

Un petit garçon peut être paralysé de peur lorsqu'on lui dit qu'un croquemitaine est sous son lit et va l'emporter. Mais lorsque son père allume la lumière et lui montre qu'il n'y a pas de croquemitaine, l'enfant est délivré de sa peur. La peur qui habitait l'esprit de cet enfant était aussi réelle que si le croquemitaine avait vraiment été là. Son père le délivre d'une fausse pensée qu'il avait dans l'esprit. Ce qu'il redoutait n'existait pas. De même, la plupart de nos craintes n'ont pas de réalité. Elles ne sont qu'un conglomérat d'ombres sinistres, et les ombres n'ont point de réalité.

## *Faites ce que vous craignez*

Le philosophe et poète, Ralph Waldo Emerson, dit : « Faites la chose que vous craignez de faire, et votre crainte n'y survivra pas ! »

Il fut un temps où l'auteur de ce livre était rempli d'une peur indescriptible lorsqu'il se trouvait devant un auditoire. J'ai surmonté cette peur en affrontant des auditoires, en faisant ce que je redoutais de faire et la mort de la peur s'ensuivit.

Lorsque vous affirmez que vous allez maîtriser vos craintes et que vous en prenez la décision définitive dans votre esprit conscient, vous libérez la puissance du subconscient qui se met à répondre selon la nature de votre pensée.

## *Bannir le trac*

Une jeune cantatrice avait été invitée à donner une audition. Elle en éprouvait à la fois du ravissement et de l'appréhension, car au cours de trois auditions précédentes elle avait misérablement échoué à cause du trac.

Elle avait une très belle voix, mais elle était certaine qu'au moment de chanter, elle serait prise de panique. Le subconscient prend vos craintes pour des requêtes, et il se met à les manifester. Au cours des trois auditions, cette jeune femme avait chanté faux puis s'était effondrée, en larmes. La cause de son échec, comme nous l'avons expliquée, avait été une autosuggestion involontaire, une pensée de peur silencieuse dérivant d'un état émotionnel et subjectif.

Elle surmonta ce trac au moyen de la technique suivante : trois fois par jour elle s'isolait, s'asseyait confortablement dans un fauteuil, détendait son corps et fermait les yeux. Elle tranquillisait de son mieux son esprit et son corps. L'inertie physique favorise la passivité et rend l'esprit plus réceptif à la suggestion. Ainsi détendue, elle renversait la suggestion de crainte en se disant : « Je chante à merveille. Je suis équilibrée, sereine, confiante et calme ».

Elle répétait ces paroles lentement, tranquillement avec foi de cinq à dix fois à chaque séance, c'est-à-dire trois fois par jour et une autre fois au moment de s'endormir. A la fin d'une semaine elle était parfaitement calme et confiante et elle donna une audition brillante. Servez-vous de cette façon de procéder et, je vous le répète, la mort de la peur est assurée.

## *La peur de l'échec*

Parfois les jeunes étudiants de l'université de notre région viennent me voir, ainsi que leurs professeurs : ils paraissent souffrir d'amnésie suggestive au moment des examens. Leur plainte est toujours la même : « Lorsque je sors de la salle d'examen, je me remémore les réponses que je suis incapable de me rappeler au cours de l'épreuve ».

L'idée qui se réalise est celle à laquelle nous donnons invariablement notre attention concentrée. Je m'aperçois que tous ces étudiants sont hantés par l'idée de l'échec. La peur est à l'origine de leur amnésie temporaire, c'est elle qui est la cause de leur disgrâce.

Un jeune étudiant en médecine était le plus brillant de sa classe, mais il était dans l'incapacité de répondre aux questions les plus simples lors d'un examen, écrit ou oral. Je lui expliquai que la raison en était son souci, sa frayeur qui le dominaient quelques jours avant l'épreuve. Ces pensées négatives se chargaient de peur.

Les pensées enveloppées de la puissante émotion qu'est la peur se réalisent dans le subconscient. Autrement dit, ce jeune homme demandait à son subconscient de faire en sorte qu'il échouât, et c'est précisément ce qui se passait. Le jour de l'examen, il se trouvait saisi de ce qui s'appelle en psychologie une amnésie suggestive.

## *Comment il surmonta sa peur*

Ce jeune étudiant apprit que son subconscient était l'entrepôt de la mémoire et qu'il avait parfaitement enregistré tout ce qu'il avait lu et entendu au cours de ses études médicales. De plus, il apprit que le subconscient est sensible et agit par réciprocité et que le moyen de se mettre *en rapport* [16] avec lui est de se détendre paisiblement et dans la confiance.

Chaque matin, chaque soir, il imagina que sa mère le félicitait de ses merveilleux progrès. Il tenait en imagination une lettre de sa mère. En contemplant cet heureux résultat il provoquait une réponse correspondante, réciproque, une réaction en lui-même.

La puissance de sagesse et d'omnipotence de son subconscient prit le dessus et dirigea son esprit conscient en conséquence. Il imagina le dénouement, libérant ainsi les moyens nécessaires à la réalisation de ce dénouement. Il en résulta qu'il n'eut ensuite aucune peine à passer ses examens. En d'autres

[16] En français dans le texte. N.T.

termes, la sagesse subjective le prit en charge, l'obligeant à s'exprimer excellemment.

## *La peur de l'eau, des montagnes et des lieux clos*

Beaucoup de personnes ont peur de monter dans un ascenseur, de gravir les montagnes et même de nager. Il se peut qu'un individu ait fait des expériences désagréables dans l'eau lorsqu'il était enfant, telles que, par exemple, le fait d'avoir été jeté à l'eau avant de savoir nager. Ou bien il a pu se trouver bloqué dans un ascenseur qui ne fonctionnait pas bien, ce qui eut pour résultat de lui faire craindre les lieux clos.

Je fis, lorsque j'avais environ dix ans, une telle expérience. Tombé accidentellement dans un étang, je perdis pied à trois reprises. Je me souviens encore de l'eau sombre qui recouvrait ma tête; de mon sentiment d'étouffement... quand enfin un autre garçon me tira de là au dernier moment ! Cette expérience pénétra dans mon subconscient, et pendant des années j'eus peur de l'eau.

Un jour, un vieux psychologue me dit : « Allez à la piscine, regardez l'eau et dites à voix forte : « Je vais te maîtriser. Je peux te dominer », puis entrez dans l'eau, prenez des leçons de natation et surmontez votre peur ». C'est ce que je fis, et je maîtrisai l'eau. Ne permettez pas à l'eau de vous dominer. Souvenez-vous que vous en êtes le maître.

Lorsque j'eus assumé cette nouvelle attitude d'esprit, la puissance omnipotente du subconscient répondit, me donnant la force, la foi et la confiance qui me permirent de surmonter ma peur.

## *Technique maîtresse pour surmonter la peur*

Voici une technique que j'enseigne dans mes cours pour surmonter la peur. Elle agit comme un charme. Essayez-la !

Supposons que vous ayez peur de l'eau, de la montagne, de vous soumettre à une interview, à une audition, ou bien que vous redoutiez les lieux fermés. Si vous avez peur de nager, commencez à vous tranquilliser trois ou quatre fois par jour pendant cinq à dix minutes, et imaginez que vous nagez. En fait, à ce moment-là, vous nagez en esprit. C'est une expérience subjective. Mentalement, vous vous êtes projeté dans l'eau. Vous sentez sa fraîcheur ainsi que le mouvement de vos bras et de vos jambes. C'est une activité vivante, joyeuse, de votre esprit. Ce n'est pas une vague rêverie, car vous savez que ce dont vous faites l'expérience dans votre imagination va se développer dans votre subconscient. Vous serez alors contraint d'exprimer l'image même et la ressemblance de l'image que vous avez imprimée sur votre esprit profond, subconscient. Telle est sa loi.

Vous pouvez appliquer cette même technique si vous avez peur de la montagne ou des lieux élevés. Imaginez que vous grimpez en montagne, sentez-en bien la réalité, jouissez du panorama, sachant que, en continuant de le faire mentalement, vous le ferez physiquement avec aisance et joie.

## *Il bénit l'ascenseur*

J'ai connu le directeur d'une grande firme qui avait la terreur de monter dans un ascenseur. Tous les matins, il gravissait cinq étages pour parvenir à son bureau. Puis il se mit à bénir l'ascenseur tous les soirs et plusieurs fois par jour. Il finit par surmonter sa peur. Voici comment il bénit l'ascenseur : « L'ascenseur de notre building est une idée merveilleuse. Cette idée est sortie de l'entendement universel. C'est une vraie bénédiction pour tous nos employés auxquels il rend un merveilleux service. Il fonctionne dans l'ordre divin et je m'en sers dans la paix et dans la joie. A présent je reste dans le silence tandis que les courants de vie, d'amour et de compréhension coulent à travers les prototypes de ma pensée. En imagination je suis à présent dans l'ascenseur, puis j'en descends pour entrer dans mon bureau. L'ascenseur est rempli de nos employés et je leur parle, ils sont amicaux, joyeux, pleins d'entrain. Je fais une merveilleuse expérience de libération, de foi, de confiance. J'en rends grâces ».

Il pria ainsi pendant environ dix jours, le onzième il entra dans l'ascenseur avec d'autres membres de sa firme, se sentant complètement à l'aise.

## *Peur normale et peur anormale*

L'homme ne naît qu'avec deux peurs, la peur de tomber et la peur du bruit. Ces peurs sont une sorte de système d'alarme qui nous est donné par la nature afin de nous préserver. La peur normale est donc une chose bonne. Vous entendez une voiture qui arrive et vous vous mettez à l'abri ; la peur momentanée d'être écrasé est surmontée par votre action. Toutes les autres peurs vous furent inculquées par vos parents, vos maîtres et par tous ceux qui influencèrent vos jeunes années.

## *La peur anormale*

La peur anormale se produit lorsque l'homme permet à son imagination de galoper. Je connais une femme qui fut invitée à faire un voyage autour du monde en avion. Elle se mit à découper dans les journaux tous les récits de catastrophes aériennes. Elle se voyait sombrer dans l'océan et se noyer, etc. Voilà une peur anormale. Si cette femme avait persisté dans sa crainte, indubitablement elle se serait attiré ce qu'elle redoutait le plus.

Autre exemple de la peur anormale : celle d'un homme d'affaires de New York, très prospère et très heureux. Néanmoins dans le cinéma privé de son esprit, cet homme faisait passer le film de la faillite, de l'échec, d'un compte en banque vide jusqu'à ce qu'il fût plongé dans la plus profonde dépression. Il refusait de mettre fin à cette imagerie morbide et ne cessait de rappeler à sa femme que « notre situation ne peut durer », « il va y avoir une récession », « je suis sûr que nous allons faire faillite », etc.

Sa femme me dit qu'il finit bien par faire faillite et que tout ce qu'il avait imaginé et redouté s'accomplit. Les choses qu'il avait redoutées n'existaient pas, mais il les provoqua par sa peur constante, son attente d'un désastre financier.

## *Job dit : « La chose que j'ai crainte m'est arrivée »*

Il y a des gens qui ont peur que quelque chose de terrible se produise pour leurs enfants, qu'une affreuse catastrophe ne leur échoie. Lorsqu'ils lisent le récit d'une épidémie ou de quelque maladie rare, ils vivent dans la peur de l'attraper, et certains s'imaginent même qu'ils l'ont déjà. Tout cela est de la peur anormale.

## *Le remède à la peur anormale*

Il consiste à prendre la position opposée mentalement. Demeurer à l'extrême de la peur c'est la stagnation aggravée de détérioration mentale et physique. Lorsque la peur surgit, un désir apparaît immédiatement pour quelque chose d'opposé à ce que l'on redoute. Fixez votre attention sur la chose que vous désirez immédiatement. Absorbez-vous dans ce désir, sachant que le subjectif renverse toujours l'objectif. Cette attitude vous donnera confiance et vous rassurera. La puissance infinie de votre subconscient agit en votre faveur, et elle ne peut faillir. Par conséquent, la paix et l'assurance vous appartiennent.

## *Examinez vos craintes*

Le président d'une grande organisation me raconta que lorsqu'il était vendeur il avait l'habitude de faire le tour du pâté de maisons où se trouvaient ses clients cinq ou six fois avant d'aller les voir. Un jour le directeur des ventes lui dit : « N'ayez donc pas peur du croquemitaine qui est derrière la porte. Il n'y a pas de croquemitaine. Ce n'est qu'une fausse croyance ». Et il ajouta que si son vendeur apprenait à bien regarder ses peurs en face il s'apercevrait qu'elles disparaîtraient sans laisser de traces.

## *Il atterrit dans la jungle*

Un aumonier militaire me conta ses expériences au cours de la seconde guerre mondiale. Il fut obligé de sauter en parachute d'un avion endommagé et il atterrit dans la jungle. Il me dit qu'il avait eu peur, mais il savait qu'il y a deux sortes de peur, la peur normale et la peur anormale, comme nous l'avons expliqué.

L'aumonier décida d'agir immédiatement sur sa peur, et il se mit à se parler, disant : « John, tu ne vas pas te laisser vaincre par cette peur. Ta peur n'est que le désir de sauvegarde et de sécurité, le désir de sortir d'où tu es ».

Et il se mit à déclarer : « L'intelligence infinie qui guide les planètes dans leurs courses me conduit et me guide hors de cette jungle ».

Il continua de se parler ainsi pendant dix minutes. « Alors », ajouta-t-il, « quelque chose en moi se mit à vibrer. Un sentiment de confiance s'empara de moi et je me mis en marche. Au bout de quelques jours, je sortis miraculeusement de la jungle et je fus sauvé par un avion de reconnaissance ».

Son attitude mentale l'avait sauvé. Sa confiance dans la sagesse subjective, dans sa puissance intérieure lui avait donné la solution de son problème.

Il me dit : « Si je m'étais mis à me lamenter sur mon sort et à accepter mes craintes, j'aurais succombé au monstre de la peur et je serais probablement mort de peur et d'inanition ».

## *Il se donna lui-même congé*

Le directeur général d'une firme me dit que pendant trois ans il avait craint de perdre sa situation. Il imaginait sans cesse son échec. Ce qu'il redoutait n'existait pas si ce n'était dans la pensée anxieuse, morbide, qu'entretenait son esprit. Son imagination dramatisait la perte de sa stuation au point qu'il fut pris de dépression nerveuse aiguë. Enfin, il fut prié de donner sa démission.

En fait, cet homme s'était lui-même congédié. Sa constante imagerie négative, ses suggestions de peur furent cause que son subconscient répondit et réagit de façon correspondante. Il lui fit commettre des erreurs, prendre des décisions inconsidérées, qui eurent pour résultat sa disgrâce. Ceci ne se serait jamais produit s'il avait immédiatement pris la position mentale opposée.

## *Ils complotèrent contre lui*

Pendant une tournée de conférences autour du monde que je fis récemment, j'eus une conversation de deux heures avec un membre éminent du gouvernement du pays dans lequel je me trouvais. Cet homme avait un profond sentiment de paix et de sérénité intérieure. Il me dit que toutes les injures que lui font les journaux et le parti de l'opposition ne le troublent jamais. Il a l'habitude de se tenir tranquille pendant un quart d'heure le matin pour prendre conscience de ce qu'au centre de lui-même il y a un profond océan de paix. En méditant ainsi, il engendre une immense puissance qui surmonte toutes les difficultés et toutes les craintes.

Quelque temps auparavant, un de ses collègues l'avait appelé à minuit pour lui dire qu'un groupe complotait contre lui. Voici ce qu'il répondit à ce collègue : « Je vais m'endormir dans la paix parfaite. Nous parlerons de cette affaire à dix heures demain matin ».

Il me dit : « Je sais qu'aucune pensée négative ne peut se manifester à moins que je ne l'accepte mentalement et émotionnellement. Je refuse d'entretenir les suggestions de peur. Par conséquent aucun mal ne peut m'advenir ».

Remarquez ce calme, cette paix ! Cet homme ne s'émut pas plus qu'il ne se lamenta. Il avait trouvé au centre de son être « les eaux tranquilles », la paix dans laquelle est le plus grand calme.

## *Délivrez-vous de vos craintes*

Servez-vous de cette formule parfaite pour chasser la peur. *J'ai cherché l'Eternel, et Il m'a répondu, Il m'a délivré de toutes mes frayeurs. Psaume 34 :4.*

## *Eloignez-vous de la peur, marchez dans la liberté*

1. Faites la chose que vous avez peur de faire, la mort de la peur est certaine. Dites-vous à vous-même en le sentant bien : « Je vais maîtriser cette peur », vous le ferez.

2. La peur est une pensée négative dans votre esprit. Remplacez-la par une pensée constructive. La peur a tué des millions d'êtres. La confiance est plus forte que la peur. Rien n'est plus puissant que la foi en Dieu et dans le bien.

3. La peur est le plus grand ennemi de l'homme. Elle est à l'origine des échecs, de la maladie et des mauvaises relations humaines. L'amour chasse la crainte. L'amour est un attachement émotionnel aux bonnes choses de la vie. Eprenez-vous de l'honnêteté, de l'intégrité, de la justice, de la bonne volonté et du succès. Vivez dans la joyeuse expectative de ce qu'il y a de meilleur et, invariablement, cela vous adviendra.

4. Neutralisez les suggestions de peur en adoptant leurs opposés, tels que : « Je chante à merveille; je suis équilibré, serein et calme ». Vous en recevrez de fabuleux dividendes.

5. La peur est à l'origine de l'amnésie qui survient au moment d'examens écrits ou oraux. Vous pouvez surmonter cela en affirmant fréquemment : « J'ai une mémoire parfaite de tout ce que j'ai besoin de savoir », ou bien vous pouvez imaginer qu'un ami vous félicite de votre brillant succès à l'examen. Persévérez et vous gagnerez.

6. Si vous avez peur de l'eau, nagez. En imagination nagez, librement, joyeusement. Projetez-vous mentalement dans l'eau. Sentez la fraîcheur de l'eau et la joie de parcourir la piscine. Faites-en une vivante sensation. En faisant cela subjectivement, vous serez contraint d'aller à l'eau et de la maîtriser. C'est la loi de votre esprit.

7. Si vous avez peur des lieux clos, tels que des ascenseurs, des salles de conférences, etc., mettez-vous à prendre mentalement l'ascenseur en bénissant toutes ses parties et toutes ses fonctions. Vous serez stupéfait de voir avec quelle rapidité la peur sera dissipée.

8. Vous n'êtes né qu'avec deux peurs : celle de tomber et celle du bruit. Toutes vos autres peurs furent acquises. Débarrassez-vous-en.

9. La peur normale est bonne. La peur anormale est très mauvaise et très destructive. Se permettre constamment des pensées de crainte donne des

obsessions et des complexes. Avoir peur de quelque chose de façon persistante crée un sentiment de panique et de terreur.

10. Vous pouvez surmonter la peur anormale lorsque vous savez que la puissance de votre subconscient peut transformer les conditions données et réaliser les désirs chers à votre cœur. Donnez votre attention immédiate et votre ferveur au désir qui est à l'opposé de votre crainte. C'est cela, l'amour qui chasse toute crainte.

11. Si vous avez peur de l'échec, donnez votre attention au succès. Si vous avez peur de la maladie, absorbez-vous dans l'idée de la santé parfaite. Si vous avez peur d'un accident, méditez sur la direction et la protection de Dieu. Si vous avez peur de la mort, méditez sur la Vie Eternelle. Dieu est Vie et cette vie est vôtre, dès à présent.

12. La grande loi de la substitution est la réponse à la peur. Quoi que ce soit que vous redoutiez, sa solution se trouve dans la forme de votre désir. Si vous êtes malade, vous désirez la santé. Si vous êtes dans la prison de la peur, vous désirez la libération. Attendez-vous au bien. Concentrez-vous mentalement sur le bien, et sachez que votre subconscient vous répond toujours. Il ne faillit jamais.

13. Les choses que vous redoutez n'existent que sous forme de pensées dans votre esprit. Les pensées sont créatrices. Voilà pourquoi Job dit : « *La chose que j'ai redoutée m'est arrivée.* » Pensez le bien et le bien survient.

14. Regardez vos craintes en face, placez-les dans la lumière de la raison. Apprenez à rire de vos craintes. C'est la meilleure médecine.

15. Rien ne peut vous perturber si ce n'est votre propre pensée. Les suggestions, les délations, les menaces des autres n'ont point de puissance sur vous. La puissance est en vous, et lorsque vos pensées sont fixées sur ce qui et bon, alors la puissance de Dieu est avec vos pensées. Il n'y a qu'une seule Puissance Créatrice, et Elle se meut dans l'harmonie. Il n'y a en Elle ni querelles, ni divisions. Sa source est l'Amour. Voilà pourquoi la puissance de Dieu est dans vos pensées de Bien.

CHAPITRE XX

# Comment rester éternellement jeune en esprit

Votre subconscient ne vieillit jamais. Il est hors du temps, il est éternel. Il fait partie de l'entendement universel de Dieu qui jamais ne naquit et ne mourra jamais.

La fatigue et la vieillesse ne peuvent appartenir à une qualité, à une puissance spirituelle. La patience, la bonté, la véracité, l'humilité, la bonne volonté, la paix, l'harmonie, l'amour fraternel sont des attributs et des qualités qui ne vieillissent jamais. Si vous continuez à cultiver ces qualités ici même, sur ce plan de vie, vous resterez toujours jeune en esprit.

Je me souviens d'avoir lu un article il y a quelques années qui annonçait qu'un groupe d'éminents médecins de la clinique de Courcy, à Cincinnati, Ohio, avait déclaré que les années ne sont pas seules responsables des troubles de la dégénérescence. Ces médecins déclaraient que c'est la peur du temps, et non le temps lui-même, qui nuit à notre esprit et à notre corps, et que la peur névrosée des effets du temps peut bien être la cause du vieillissement prématuré.

Au cours des longues années de ma vie publique, j'ai eu l'occasion d'étudier les biographies d'hommes et de femmes célèbres qui ont continué leurs activités productives bien au-delà de la durée normale de la vie. Certains n'atteignirent à leur grandeur que dans la vieillesse. J'ai eu aussi le privilège de rencontrer et de connaître d'innombrables individus modestes, qui, dans leur sphère plus humble, prouvaient aussi que la vieillesse ne détruit point les forces créatrices de l'esprit et du corps.

## *Sa façon de penser l'avait vieilli*

Il y a quelques années, je rendis visite à un vieil ami à Londres. Il avait plus de quatre-vingts ans, il était très malade et, de toute évidence, il capitulait devant son âge avancé. Notre conversation m'apprit sa faiblesse physique, son sentiment de frustration et une détérioration générale à l'approche de la mort. Il se lamentait, disant qu'il ne servait à rien et que personne ne voulait de lui. Par une expression désespérée il exprima sa fausse philosophie : « Nous naissons, grandissons, vieillissons, devenons bons à rien et c'est la fin ».

Cette attitude mentale d'inutilité et le sentiment de n'être bon à rien était la cause maîtresse de sa maladie. Il ne contemplait que sa sénescence et après cela plus rien. En fait, il avait vieilli dans sa pensée, et son subconscient témoignait parfaitement de ses pensées habituelles.

## *La vieillesse est l'aurore de la sagesse*

Malheureusement, beaucoup de personnes ont la même attitude que cet homme infortuné. Elles ont peur de ce qu'elles appellent « la vieillesse », la fin, l'extinction, ce qui, en fait, signifie qu'elles ont peur de la vie. Pourtant, la vie est sans fin. La vieillesse n'est point l'envol des années, mais l'aurore de la sagesse.

La sagesse, c'est la prise de conscience des immenses pouvoirs spirituels de votre subconscient et la connaissance qui permet d'appliquer ces pouvoirs de manière à vivre une vie pleine et heureuse. Sortez une bonne fois et pour toujours de votre esprit l'idée que soixante-cinq, soixante-quinze ou quatre-vingt-cinq ans d'âge sont synonymes de fin pour vous ou pour quiconque. Cela peut être, au contraire, le commencement d'une vie magnifique très féconde et active, d'une vie meilleure que vous ne l'avez jamais vécue. Croyez-le, attendez-vous à cela, et votre subconscient le manifestera.

## *Accueillez le changement*

La vieillesse n'est pas une tragédie. Ce que nous appelons processus de vieillissement est en réalité un changement. Il doit être accueilli joyeusement, avec empressement parce que chaque phase de la vie humaine est un pas en avant sur une route qui n'a point de fin. L'homme possède des pouvoirs qui transcendent ses pouvoirs physiques. Il a des sens qui transcendent ses cinq sens physiques.

De nos jours les savants découvrent de manière positive, indiscutable, qu'une partie consciente de l'homme peut quitter son corps et voyager à des milliers de kilomètres pour voir, entendre, toucher et parler à d'autres personnes alors même que son corps physique ne quitte pas la couche sur laquelle il repose.

La vie de l'homme est spirituelle et éternelle. Il n'est pas obligé de vieillir, car la Vie, Dieu, ne peut vieillir. La Bible dit que Dieu est Vie. La vie se recrée elle-même, elle est éternelle, indestructible, la Vie est la réalité de tous les hommes.

## *Preuve de survie*

Les preuves recueillies par les sociétés de recherches psychiques tant en Grande-Bretagne qu'en Amérique sont irréfutables. Il vous est loisible de vous rendre dans n'importe quelle grande bibliothèque métropolitaine pour consulter les nombreux volumes des *Procès-verbaux de la Société de recherches psychiques,* rapports des expériences faites par des savants éminents sur la survie après la prétendue mort. Vous y trouverez de surprenants rapports sur des expériences scientifiques établissant la réalité de la vie après la mort.

## *La survivance psychique*

(The Case for Psychic Survival) par Hereward Carrington, directeur de l'Institut psychique américain (The American Psychical Institute).

## *La vie existe*

Une dame demanda à Thomas Edison, le magicien de l'électricité · « Mr. Edison, qu'est-ce que c'est que l'électricité ? »

Il répondit : « Madame, l'électricité existe. Servez-vous-en ».

Electricité est un nom que nous donnons à une puissance invisible que nous ne comprenons pas entièrement, mais nous apprenons tout ce que nous pouvons au sujet du principe de l'électricité et de ses usages. Nous nous en servons d'innombrables manières.

Le savant ne peut voir de ses yeux un électron, néanmoins il l'accepte comme une fait scientifique, parce que c'est la seule conclusion valable qui coïncide avec ses autres preuves expérimentales. Nous ne pouvons voir la vie; cependant nous savons que nous sommes en vie. La vie existe et nous sommes ici pour l'exprimer dans toute sa beauté et toute sa splendeur.

## *L'entendement et l'esprit ne vieillissent pas*

La Bible dit : *Et c'est ici la vie éternelle, qu'ils te connaissent toi, le seul vrai Dieu. Jean 17 : 3.*

L'homme qui pense, qui croit que le cycle terrestre de la naissance, de l'adolescence, de la jeunesse, de la maturité et de la vieillesse constitue toute la vie est vraiment digne de pitié. Un tel homme n'a ni ancre, ni espérance, ni vision et pour lui la vie est sans signification.

Une telle croyance produit la frustration, la stagnation, le cynisme et un sentiment de désespérance qui ont pour résultats les névroses et toutes sortes d'aberrations. Si vous ne pouvez pas jouer aussi rapidement qu'autrefois au tennis, ni nager aussi vite que votre fils, si votre corps est plus lent, si votre pas est moins vif, souvenez-vous que la vie est un perpétuel recommencement. Ce que les hommes appellent la mort n'est qu'un voyage vers une cité nouvelle, dans une autre dimension de la Vie.

Au cours de mes conférences, je dis à mes auditeurs des deux sexes qu'ils devraient accepter avec grâce la vieillesse. L'âge a sa splendeur propre, sa beauté, sa sagesse. La paix, l'amour, la joie, la beauté, le bonheur, la bonne volonté et la compréhension sont des qualités qui ne vieillissent ni ne meurent.

Ralph Waldo Emerson, poète et philosophe, dit : « Nous ne comptons les années d'un homme que lorsqu'il n'a rien d'autre à compter ».

Votre caractère, la qualité de votre esprit, votre foi et vos convictions ne sont point sujets à la décrépitude.

## *Vous êtes aussi jeune que vous croyez l'être*

Je donnais des conférences au Caston Hall à Londres et à la suite de l'une d'elles un chirurgien me dit : « J'ai quatre-vingt-quatre ans. J'opère tous les matins et je vais voir mes malades l'après-midi, le soir j'écris pour des revues médicales et scientifiques. »

Son attitude indiquait qu'il était aussi utile qu'il croyait l'être, aussi jeune que ses pensées. Il me dit : « Vous avez bien dit : l'homme est aussi fort qu'il croit l'être, aussi utile qu'il le sent. »

Ce chirurgien n'a pas capitulé devant les années. Il sait qu'il est immortel. Il termina en me disant : « Si je disparais demain, je sais que j'opérerai des gens de la dimension suivante, non plus avec le scalpel du chirurgien, mais avec la chirurgie mentale et spirituelle ».

## *Vos cheveux blancs vous sont un avantage*

Ne quittez jamais votre activité en disant : « Je prends ma retraite, je suis vieux. Je suis un homme fini ». Ce serait la stagnation, la mort et vous seriez bien, en fait, fini. Certains hommes sont vieux à trente ans, tandis que d'autres sont jeunes à 80 ans. L'esprit est le maître tisserand, l'architecte, le dessinateur et le sculpteur. Georges Bernard Shaw menait à quatre-vingt-dix ans une vie active, et la qualité artistique de son esprit n'avait rien perdu de sa vigueur.

Je rencontre des hommes et des femmes qui me disent que certains patrons leur ferment presque la porte au nez lorsqu'ils disent qu'ils ont dépassé quarante ans. Cette attitude de la part des employeurs est indigne, témoignant d'un manque complet de compréhension et d'humanité. On insiste sur la jeunesse, il faut être âgé de moins de trente-cinq ans pour s'attirer la considération. Tout ceci est à très courte vue. Si l'employeur prenait la peine de penser, il comprendrait que ce ne sont pas des cheveux blancs que lui proposent les candidats à son emploi, mais le talent, l'expérience et la sagesse qui sont les fruits de leur labeur dans les marchés de la vie.

## *La vieillesse est un avantage*

En réalité votre âge est un avantage pour l'organisme qui vous emploie à cause de votre connaissance de la règle d'or et de l'application que vous en avez faite à travers les années ainsi que de la loi d'amour et de bonne volonté. Vos cheveux blancs, si vous en avez, témoignent d'une plus grande sagesse, de savoir-faire et de compréhension. Votre maturité émotionnelle et spirituelle est une véritable bénédiction pour la maison qui vous emploie.

On ne devrait pas demander à un homme de soixante-cinq ans de se retirer. C'est à cette époque de la vie qu'il peut être le plus utile pour résoudre les problèmes personnels, faire des projets pour l'avenir, prendre des décisions et guider les autres dans le domaine des idées créatrices en se basant sur son expérience et sa pénétration de la nature de l'affaire dont il s'occupe.

## *Soyez de votre âge*

Un auteur de scénarios d'Hollywood me confia qu'il était obligé d'écrire des textes correspondant à l'intelligence d'un enfant de douze ans. Voilà un tragique état de choses; les masses n'ont point de maturité émotionnelle ni spirituelle. Cela indique que l'on insiste sur la jeunesse, en dépit du bon sens et en se fondant sur des jugements inconsidérés.

## *Je puis encore me mesurer avec les meilleurs d'entre vous*

Je connais un homme de soixante-cinq ans qui s'efforce désespérément de rester jeune. Il nage avec de jeunes hommes tous les samedis, fait des randonnées à pied, joue au tennis et se vante de ses prouesses et de sa puissance physique, disant : « Voyez, je puis encore me mesurer avec les meilleurs d'entre vous ! ».
Il devrait se rappeler cette grande vérité : *Tel un homme pense en son cœur, tel il est. Prov. 23 : 7.*
Le régime, les exercices et les jeux de toutes sortes ne le maintiendront pas dans la jeunesse. Il faut qu'il apprenne qu'il vieillit ou reste jeune selon le processus de sa pensée. *Votre subconscient est conditionné par vos pensées* [17].
Si vos pensées se maintiennent constamment sur ce qui est beau, noble et bon, vous resterez jeune en dépit du calendrier.

## *La crainte de la vieillesse*

Job dit : *La chose que j'ai tant redoutée m'est arrivée.* Il y a beaucoup de personnes qui craignent la vieillesse et qui s'inquiètent de l'avenir, parce qu'elles prévoient la détérioration mentale et physique à mesure qu'avancent les années. Ce qu'elles pensent et sentent se réalise.
Vous devenez vieux lorsque vous perdez votre intérêt pour la vie, quand vous cessez de rêver, d'avoir faim de vérités nouvelles, quand vous cessez de chercher de nouveaux univers à conquérir. Tant que votre esprit sera ouvert aux idées nouvelles, aux intérêts nouveaux, tant que vous permettrez à la lumière et à l'inspiration de nouvelles vérités sur la vie et sur l'univers de pénétrer chez vous, vous serez jeune et plein de vie.

## *Vous avez beaucoup à donner*

Que vous ayez soixante-cinq ou quatre-vingt-quinze ans, prenez conscience d'avoir beaucoup à donner. Vous pouvez aider à stabiliser, à conseiller et à diriger la jeune génération. Vous pouvez partager le bénéfice de vos connaissances, de votre expérience et de votre sagesse. Et vous pouvez regarder en avant car, à tous moments, vous contemplez la vie infinie. Vous verrez

[17] Nous soulignons. N.T.

que vous ne cesserez de découvrir les splendeurs et les merveilles de la vie. Essayez d'apprendre quelque chose de nouveau chaque jour et vous verrez que votre esprit sera toujours jeune.

## *Agé de cent-dix ans*

Il y a quelques années, je faisais des conférences à Bombay et je fus présenté à un homme qui me dit avoir cent-dix ans. Il avait le visage le plus beau que j'aie jamais vu. Il semblait transfiguré par une grande lumière intérieure. Il y avait dans ses yeux une rare beauté qui indiquait qu'il avait vieilli avec joie et que son esprit avait gardé toute sa vivacité.

## *La retraite, une nouvelle aventure*

Assurez-vous que votre esprit ne prend pas sa retraite. Il doit être comme un parachute, qui ne vaut rien s'il ne s'ouvre. Soyez ouvert et réceptif aux idées nouvelles. J'ai vu des hommes de soixante-cinq ans et de soixante-dix ans se retirer. Ils donnèrent alors l'impression de pourrissement et, en quelques mois, moururent. De toute évidence ils s'étaient dit que la vie pour eux était finie.

La retraite peut être une aventure nouvelle, un défi nouveau, une nouvelle voie, le commencement de la réalisation d'un long rêve. Il est infiniment déprimant d'entendre un homme dire « Que vais-je faire à présent que je suis à la retraite ? ». En fait, il dit : « Je suis mort mentalement et physiquement. Mon esprit est à bout d'idées ».

Tout ceci est une fausse image. La vérité c'est que vous pouvez accomplir plus de choses à quatre-vingt-dix ans que vous ne le pouviez à soixante, parce que chaque jour vous acquerrez de la sagesse et une compréhension plus grande de la vie et de l'univers par vos nouvelles études, vos nouveaux intérêts.

## *Il accéda à un meilleur poste*

Un directeur qui est mon voisin fut contraint, il y a quelques mois, de prendre sa retraite parce qu'il avait atteint ses soixante-cinq ans. Il me dit : « Je considère ma retraite comme une promotion; je sors de la maternelle et j'entre au lycée ». Il avait compris que, tout comme il avait autrefois quitté le lycée pour entrer à l'université, faisant ainsi un pas en avant dans son instruction et dans sa connaissance de la vie en général, sa retraite lui donnait l'occasion de faire un nouveau pas en avant sur l'échelle de la vie et de la sagesse.

Il conclut sagement qu'il n'aurait plus à se concentrer sur la seule idée de gagner sa vie. Il allait à présent donner toute son attention à la vivre. Cet homme est photographe amateur, il se mit à suivre des cours de photographie. Puis il fit un voyage autour du monde et filma des lieux célèbres. A présent, il fait à ce sujet des conférences devant des groupes, des loges et des clubs; il est demandé de toutes parts.

Il y a d'innombrables façons de vous intéresser à autre chose qu'à vous-même. Enthousiasmez-vous pour de nouvelles idées créatrices, faites des progrès spirituels et continuez d'apprendre à croître. C'est de cette façon que vous resterez jeune de cœur, parce que vous aurez faim et soif de nouvelles vérités, et votre corps reflétera toujours votre manière de penser.

## *Il faut que vous soyez un producteur et non un prisonnier de la société*

Les journaux font état du fait que l'électorat en Californie augmente ses effectifs âgés à pas de géant. Cela signifie que la voix des personnes âgées se fera entendre dans la législation de l'Etat ainsi que dans les couloirs du Congrès. J'ai le sentiment qu'une loi sera promulguée qui défendra aux employeurs de refuser des employés à cause de leur âge.

Un homme de soixante-cinq ans peut être plus jeune mentalement, physiquement et physiologiquement que bien des hommes de trente ans. Il est stupide et ridicule de dire à un homme qu'on ne peut l'engager parce qu'il a dépassé quarante ans. C'est comme si on lui disait qu'il n'est plus bon qu'à la foire à la ferraille.

Que doit donc faire l'homme qui a quarante ans ou qui les a dépassés ? Faut-il qu'il enterre ses talents ou qu'il cache sous un boisseau sa lumière ? Ceux que l'on empêche de travailler à cause de leur âge doivent-ils être pris en charge par le gouvernement, et les nombreuses entreprises qui refusent de profiter de leur sagesse et de leur expérience doivent-elles être imposées afin de subvenir à leurs besoins ? Ce serait une forme de suicide financier.

L'homme est ici pour profiter des fruits de son labeur, il est ici pour être un producteur et non un prisonnier de la société qui l'oblige à l'oisiveté.

Le corps humain devient plus lent à mesure qu'il avance en âge, mais son esprit conscient peut devenir beaucoup plus actif, alerte, vivant par l'inspiration qu'il est à même de recevoir de son esprit subconscient. En réalité, son esprit ne vieillit jamais. Job dit : *Oh ! que ne puis-je être tel que j'étais aux temps passés, aux jours où Dieu me protégeait, quand il faisait briller son flambeau sur ma tête, quand sa lumière me guidait dans les ténèbres ! Que ne suis-je comme aux jours de ma vigueur, quand la faveur de Dieu veillait sur ma tente.* Job 29, 2-4.

## *Le secret de la jeunesse*

Pour retrouver votre jeunesse, sentez la puissance miraculeuse, curative, sans cesse recréée de votre subconscient, sentez-la parcourir tout votre être. Sachez et sentez que vous êtes inspiré, élevé, rajeuni, revitalisé et rechargé spirituellement. Il faut que vous rayonniez d'enthousiasme et de joie, comme aux jours de votre jeunesse, pour la simple raison que vous pouvez toujours recapturer mentalement et émotionnellement cet état joyeux. La lumière qui brille au-dessus de votre tête est l'intelligence divine, elle vous révèle tout ce que vous avez besoin de savoir, elle vous permet d'affirmer la présence de votre bien, en dépit des apparences. Vous avancez, dirigé par votre subconscient, parce que vous savez que l'aurore apparaît et que les ombres fuient.

## *Ayez une vision intelligente de la fuite du temps*

Au lieu de dire : « Je suis vieux », dites « Je suis rempli de la sagesse de la Vie divine ». Ne permettez ni à votre entreprise, ni aux journaux ni aux statistiques de maintenir devant votre regard la vision de la vieillesse, des années déclinantes, de la décrépitude, de la sénilité, de l'inutilité. Rejetez tout cela, car c'est un mensonge. Refusez d'être hypnotisé par la propagande. Affirmez la vie — non la mort. Ayez de vous-même la vision d'un être heureux, radieux, plein de succès, de sérénité et de puissance.

## *L'esprit ne vieillit pas*

Herbert Hoover, l'ancien président des Etats-Unis, demeura très actif jusqu'à un âge avancé. Voici quelques années, j'eus l'occasion de lui faire visite à l'Hôtel Astoria, à New York. C'était un homme heureux, vigoureux, plein de vie et d'enthousiasme. A lui seul, il occupait plusieurs secrétaires et trouvait encore le temps, en plus de la volumineuse correspondance qu'il entretenait, d'écrire des livres de politique et d'histoire. Comme tous les hommes remarquables que j'ai eu le privilège de rencontrer, il se montrait affable, souriant, aimable et compréhensif.

Je fus littéralement subjugué par sa vaste intelligence et sa perspicacité. C'était un homme pieux, plein d'une foi triomphante en Dieu, pénétré de l'éternelle vérité de la Vie. Pendant les dures années de la crise mondiale, il fut l'objet de vives critiques, mais il ne se laissa pas entamer et traversa l'orage sans haine, sans dérobade, sans ressentiment ni amertume : il avait la paix de l'âme, qui procède de la puissance et de l'amour de Dieu.

## *Son esprit demeurait alerte à quatre-vingt-dix-neuf ans*

Mon père se mit à l'étude du français à soixante-cinq ans et, à soixante-dix ans, il possédait parfaitement cette langue. A soixante ans, il avait entrepris d'apprendre le gaélique et il en devint un éminent professeur. Jusqu'à sa mort, à quatre-vingt-dix neuf ans, il aida ma sœur dans ses travaux universitaires. Son esprit était aussi lucide qu'à vingt ans. Avec l'âge, son écriture embellissait et son esprit gagnait encore en pénétration. Mon père me l'a prouvé : l'homme a l'âge de ses pensées et de ses sentiments.

## *« Nous entrerons dans la carrière quand nos aînés n'y seront plus »*

Caton, le grand patriote romain, apprit le grec à quatre-vingts ans. Dans un domaine bien différent, la grande chanteuse Ernestine Schumann atteignit le sommet de la gloire alors qu'elle était déjà grand-mère...

Comment ne pas admirer toutes les réussites de nos grands « aînés » ?

A quatre-vingts ans, Socrate apprenait à jouer de plusieurs instruments de musique et s'y distinguait bientôt; à quatre-vingts ans, Michel-Ange peignait ses toiles les plus sublimes; à quatre-vingts ans, Simonide de Céos fut poète-lauréat; à quatre-vingts ans, Goethe terminait son *Faust;* à quatre-vingts ans, Ranke commençait son *Histoire du Monde,* qu'il terminait à quatre-vingt-douze ans. A quatre-vingt-trois ans, Tennyson écrivit son beau poème « Traverser la barre ». Jusqu'à sa mort, à quatre-vingt-cinq ans, Newton continua ses travaux; à 88 ans John Wesley était à la tête du mouvement méthodiste. Parmi mes connaissances, plusieurs personnes de quatre-vingt-quinze ans se plaisent à dire qu'elles se portent mieux qu'à vingt ans.

La place manque ici pour citer tous les exemples qui nous viennent à l'esprit mais, si vous êtes à la retraite, intéressez-vous aux lois qui régissent la vie et votre subconscient. Faites enfin ce que vous avez toujours aspiré à faire. Etudiez des sujets nouveaux, examinez des idées nouvelles.
Faites cette prière : « Comme un cerf brame après les eaux courantes, ainsi mon âme soupire après toi, ô Dieu ! » (Psaume 42, 1).

## *Les avantages de la vieillesse*

« Sa chair prend plus de fraîcheur qu'au premier âge : il revient aux jours de sa jeunesse » (Job 33, 25).
La vieillesse, c'est le temps de la contemplation : ces vérités de Dieu, on peut alors les contempler d'un point de vue plus élevé. Il vous faut comprendre que vous êtes en route pour un voyage sans fin, que vous allez progresser sur l'océan éternel de la Vie. Alors, avec le Psalmiste, vous direz : « Ils portent encore des fruits dans la blanche vieillesse »; *ils seront vigoureux et verdoyants. Psaume 92 : 14.*
Mais les fruits de l'Esprit sont l'amour, la joie, la paix, la patience, la douceur, la bonté, la foi, l'humilité, la tempérance; il n'y a point de loi contraire à cela. Galaté 5 : 23.
Vous êtes un fils de la Vie infinie, vous êtes un enfant de l'Eternité.

## *Points profitables*

1. La patience, la bonté, l'amour, la bonne volonté, la joie, le bonheur, la sagesse et la compréhension, toutes ces qualités ne vieillissent jamais. Cultivez-les, exprimez-les, et restez ainsi jeunes d'esprit et de corps.

2. Les médecins disent que la peur névrosée des effets du temps pourrait bien être la cause de la sénescence prématurée.

3. L'âge n'est point l'envol des années mais l'aurore de la sagesse dans l'esprit de l'homme.

4. Les années les plus productrices de votre vie peuvent, si vous le voulez, être celles qui vont de soixante-cinq à quatre-vingt-quinze ans.

5. Accueillez les années. Elles indiquent que vous avancez sur une voie plus élevée, qui n'a point de fin.

6. Dieu est Vie, et votre vie. La vie se recrée, elle est éternelle et indestructible; cela est vrai de tous les hommes. Vous vivrez éternellement parce que votre vie est celle de Dieu.

7. Les témoignages de survie après la mort sont innombrables. Etudiez les *Procès-verbaux de la Société royale de recherches psychiques de Grande-Bretagne* et de la même société en Amérique. Leurs travaux sont fondés sur les recherches scientifiques de savants éminents depuis plus de soixante-quinze ans.

8. Vous ne pouvez voir votre esprit, mais vous savez que vous le possédez. Vous ne pouvez voir l'Esprit mais vous le reconnaissez dans l'artiste, le musicien, l'orateur. Vous reconnaissez de même l'esprit de bonté, de vérité et de beauté qui anime votre entendement et votre cœur. Vous ne pouvez voir la vie mais vous savez que vous êtes vivant.

9. On peut appeler la vieillesse le temps de la contemplation des vérités de Dieu du point de vue le plus haut. Les joies de la vieillesse sont plus grandes que celles de la jeunesse. Votre esprit est aux prises avec l'athlétisme spirituel et mental. La nature rend votre corps plus lent afin que vous ayez l'occasion de méditer sur les choses de l'Esprit.

10. Nous ne comptons les années d'un homme que lorsqu'il n'a rien d'autre à compter. Votre foi et vos convictions ne sont point sujettes à la décrépitude.

11. Vous êtes aussi jeune que vous le croyez. Vous êtes aussi fort que vous le croyez. Vous êtes aussi utile que vous croyez l'être. Vous êtes aussi jeune que vos pensées.

12. Vos cheveux blancs sont un avantage. Ce ne sont pas vos cheveux blancs que vous vendez mais vos talents, vos capacités, votre sagesse, accumulés au cours des années.

13. Les régimes et les exercices ne vous garderont pas la jeunesse. *Tel un homme pense, tel il est.*

14. La peur de la vieillesse peut être cause de la détérioration physique et mentale. *La chose que j'ai le plus redoutée m'est arrivée.*

15. Vous vieillissez lorsque vous cessez de rêver et lorsque vous cessez de vous intéresser à la vie. Vous vieillissez si vous êtes irritable, bougon, querelleur. Remplissez votre esprit des vérités de Dieu et irradiez la lumière de son amour — voilà la jeunesse.

16. Regardez en avant, car à tous moments vous contemplez la vie infinie.

17. Votre retraite est une nouvelle aventure. Commencez de nouvelles études, ayez de nouveaux intérêts. Vous pouvez faire à présent les choses que vous avez toujours aspiré à faire quand vous aviez à gagner votre vie. Attachez-vous maintenant à vivre la vie.

18. Devenez un producteur et non un prisonnier de la société. Ne cachez pas votre lumière sous le boisseau.

19. Le secret de la jeunesse c'est l'amour, la joie, la paix intérieure et le rêve. *En Dieu est la plénitude de la joie. En lui il n'y a aucune obscurité.*

20. On a besoin de vous. Certains des plus grands philosophes, artistes, savants, écrivains et d'autres grands hommes accomplissent leurs plus grandes œuvres après quatre-vingts ans.

21. Les fruits de la vieillesse sont l'amour, la joie, la paix, la patience, la douceur, la bonté, la foi, l'humilité et la tempérance.

22. Vous êtes un fils de la Vie infinie. Vous êtes un enfant de l'Eternité. Vous êtes merveilleux !

## Ont paru également dans nos Editions...

---

*Napoléon Hill:*

### RÉFLÉCHISSEZ ET DEVENEZ RICHE

Plus de 7 millions d'exemplaires de ce livre ont été vendus jusqu'à présent en Amérique. Seul un livre extraordinaire peut atteindre un tirage aussi énorme! Hill vous montre, grâce à l'exemple de personnalités connues, la grosse influence que peuvent avoir sur votre avenir une foi inébranlable et une entière confiance en soi. Ce livre doit absolument figurer dans votre bibliothèque! 196 pages, réf. N° 1018.

---

*W. Clement Stone,*
*Napoléon Hill:*

### LE SUCCÈS PAR LA PENSÉE CONSTRUCTIVE

Ce que notre esprit saisit et ce que nous croyons, nous pouvons aussi le réaliser. Dans ce livre exceptionnel vous apprendrez comment on se fixe des buts et comment on les atteint grâce à la pensée et à l'action constructives.
Un bestseller aux Etats-Unis - paraît maintenant en français. 305 pages, réf. N° 1026.

---

*W. Clement Stone:*

### LE CHEMIN INFAILLIBLE DU SUCCÈS

W. Clement Stone, une des plus éminentes personnalités de la vie économique et culturelle des Etats-Unis, qui débuta avec 100 dollars et qui dispose à ce jour d'une fortune de plus de 35 millions de dollars, a retenu le secret de son succès incroyable dans une seule formule... la formule du système infaillible du succès. Cette même formule se trouve maintenant à votre portée, celle-ci même qui a déjà mené à un succès certain tous ceux qui l'ont appliquée jusqu'à ce jour, 245 pages, réf. N° 1004.

---

*Leslie M. LeCron:*

### L'AUTO-HYPNOSE

**Sa technique et son utilisation dans la vie quotidienne**

Enfin, Leslie M. LeCron, la sommité américaine mondialement connue, qui enseigne aux médecins et psychiatres l'hypnose médicale, a rassemblé dans un livre facile à comprendre ses expériences qui portent sur des dizaines d'années, comme expert de premier plan... en un ouvrage extraordinaire qui mettra entre vos mains les clés permettant de modifier le cours de votre vie actuelle et de réaliser vos désirs les plus secrets.
Au total 18 leçons qui vous montreront comment utiliser l'auto-hypnose pour obtenir de la vie ce que vous désirez. 250 pages, réf. N° 1002.

---

*Dr Joseph Murphy :*

## LE MIRACLE DE VOTRE ESPRIT

Découvrez, grâce à ce livre, vos capacités dynamiques latentes. Le Dr Murphy vous prouve que ces forces existent vraiment. Il vous appartient de les réveiller et de les utiliser.
Ce livre est clair, facile à comprendre, et vous familiarise avec les techniques qui vous sont nécessaires. C'est un guide vers le bonheur, la santé et la prospérité matérielle.
196 pages, réf. N° 1033.

---

*Jess Stearn :*

## EDGAR CAYCE LE PROPHÈTE

**Pronostics en transe 1911-1998**

Edgar Cayce, mort en 1945, fut « le plus grand prophète du siècle », et ses pronostics — dont bon nombre se sont déjà vérifiés — demeurent une énigme métapsychique. Des savants du monde entier continuent à se pencher sur ce phénomène parapsychologique qui a prouvé, dans sa vie de tous les jours, que la télépathie et la clairvoyance existent.
248 pages, réf. N° 1042.

---

*Hanns Kurth :*

## SE CONNAITRE ET CONNAITRE LES AUTRES

**Un guide pratique de caractérologie**

Ce livre constitue un guide pratique de caractérologie, qui développe l'esprit d'observation et ouvre des horizons. Grâce aux indications très précises de l'auteur et aux multiples illustrations, le lecteur se familiarisera rapidement avec les moyens les plus rationnels de mieux se connaître, donc de connaître les autres.
250 pages, 200 illustrations, réf. N° 1006.

---

*Anne-Marie Cobbaert :*

## LA GRAPHOLOGIE

**Connaître et interpréter les écritures**

Qui n'a pas cherché à sonder le caractère, la personnalité de l'autre ? Au fil des pages, le lecteur parvient à saisir automatiquement les points forts et les points faibles de sa personnalité ou de celle d'autrui et voit se dessiner un reflet aussi exact que possible de son être. Il pourra en retirer le plus grand profit tant dans sa vie privée que dans sa vie professionnelle.
292 pages, 200 illustrations, réf. N° 1090.

---

ÉDITIONS ARISTON · GENÈVE
CH — 1207 GENÈVE · RUE DE LA SCIE 4